华夏众智

HR专业能力建设工程丛书

人才管理"三能"模式：
打造组织人才能力供应链

副主编　张小峰
总主编　彭剑锋　杨伟国

白洁 —— 编著

The P-A-E Mode
of Talent Management

复旦大学出版社

总　序

提升 HR 专业能力，确立 HR 专业自信

中国正进入创新驱动与品质发展时代，而创新与品质发展的本质是人的创新能力与人的品质发展，它取决于对企业家创新精神的呵护与对创新投入的激励与保护，取决于对人才创新价值的认可与回报，取决于对创新人才个性的尊重与包容；更取决于对创新人才的选、用、育、留、出等人力资源专业职能的转型升级，取决于管人的人才（人力资源管理专业人才）的创新意识与职业能力的优先发展。

人力资源管理是一门以人的有效管理为研究和实践对象的专业性、技术性很强的综合学科。在数字化、智能化时代，随着技术变革的加速，组织与人的关系的重构，人力资源管理面临前所未有的挑战。人力资源管理理念的更新、技能的提升、职能的转型、机制与制度的创新比以往任何时候都变得更为迫切、更为快速。人力资源管理要为企业战略的转型升级、为业务的持续增长、为人的发展贡献新价值，这就对人力资源管理从业者的观念、个人的素质与专业技能提出了全新要求，人力资源管理部门和人力资源管理从业者必须适应时代需求，加速开展最新专业知识的学习与专业能力的提升。

为提升企业人力资源部及人力资源从业者的专业技术能力，确立HR从业者的专业自信，中国人力资源开发研究会企业人才分会、中国人民大学劳动人事学院、华夏基石管理咨询集团自2017年起联合推出"HR专业能力建设工程"，帮助企业人力资源部和人力资源从业者提升专业技能。该工程以最新、最实用的人力资源技能为核心内容，教授人力资源管理的最新理论、方法，为全国企业的人力资源部和广大人力资源从业者提供及时、快速的专业能力提升培训，帮助企业迅速培养出一支优秀的人力资源从业队伍。

我们的初衷，就是强调学以致用，以实用型的人力资源新技术、新工具、新方法为主要内容，学完即可实际操作应用。内容主要是人力资源管理实务性课程，既包括任职资格标准体系建设与应用、绩效激励与薪酬设计实务、培训设计与培训管理、招聘管理实务、员工关系管理与劳动争议处理技巧等即学即用的专业内容,也包括基于共享时代的组织与人力资源变革、人才供应链管理、人力资源业务伙伴管理、组织知识与知识创新、人力资本合伙人制度等全新的趋势。同时,项目根据企业对人力资源工作者的能力要求不断优化课程模块和教学方式,以帮助企业HR专业人才加速成长步伐。

"HR专业能力建设工程"开展以来,得到了企业界的广泛认可。为了更有效地开展该工程,实现"提升HR专业能力,建立HR专业自信"这个初衷,我们决定组织编写这套"HR专业能力建设工程丛书"。我们选取了当前人力资源管理中的近二十个重点、热点、难点问题,组织了几十位在人力资源研究和实践领域有着深厚功底和丰富经验的中青年专家学者和咨询师共同编写。

具体说来,这套丛书有以下几个显著的特点:

突出实用性和可操作性。丛书编写以突出实用性为主,理论和概念讲述简洁、精练,方法和工具清晰、细致,图书的整体风格突出实用性和可操作性。

内容新颖。本套丛书的内容不仅结合实际,并且能反映人力资源领域最新技术和最优实践成果。

形式活泼,可读性强。文中广泛运用案例、插图和表格,使得丛书文字变得直观与鲜活,增加阅读时的感性认识。

我们相信,通过众多专家和专业机构的努力研究、广大人力资源从业者的不断学习,中国人力资源从业者的专业能力一定会不断提升并与企业需求相匹配,中国人力资源管理水平一定会蒸蒸日上。

丛书编委会

2018 年 11 月 16 日

前　言

新技术、新事物、新理念……科技进步与经济发展，给人类生活的方方面面带来巨大影响，企业的经营管理也呈现出复杂多样、迅速多变的特点，面对着新的挑战，也迎接着新的机遇。在这样的发展过程中，唯一不变的是对价值增长点的持续诉求，在管理者们将目光投向资金、投向商业模式、投向用户与顾客群体的同时，对于组织中人的力量也有了更多的思考与期待。事实上，人力资源早已被大多数组织看作是一种重要的战略资源，人力资源本身的发展也经历着人事管理、专业职能、战略性资源以及信息与知识管理等各阶段的历程，只是在当下，时代发展带来了巨大的环境变化，组织中人的价值与人本身都有了新的特点，在这种情况下，对于人的管理也有了与时俱进的新思考，正如著名管理学家陈春花教授所说过的："在商业模式的改变过程中，我更加倾向于对于管理本身的强化，而不是淡化或者去管理化，因为个体价值的崛起，更需要平台与导引,创新与创造力如何转换成真正的价值更需要加以推动,而价值观演变剧烈更需要明确价值判断。"可以说,我们步入了一个个人价值的崛起时代,组织中人的能力价值与日俱增,使得人才管理的重要性上升到了一个新的阶段,聚焦人才、聚焦能力,这是人力资源管理按其自身逻辑进一步发展的必然结果,也是组织管理实践的进一步诉求。

做好新时代的人才管理工作,绝对不是简单地换上一套新的词汇,引入一个新的理念,而是立足现实、落于实践。本书以打造组织人才能力供应链为目的,聚焦组织内生人才能力的持续提升,创新性提出人才管理"三能"模式(the "P-A-E" mode of talent management),集人才的"潜能"(potential)、"能力"(ability)和"效能"(efficacy)于一体,根据组织目标与人员需求,剖析组织内部不同人员的能力激活与提升点,统一观念、建立制度、引入方法,通过"释能""建能"和"赋能"的三大内在作用机制,有效激发并持续推进组织人才的整体活力与生命力。

也就是说,人才管理"三能"模式的终极目标是实现组织的可持续发展,在路径选择上强调聚焦于人的能力,做好人才能力的识别、激发、提升与支持工作。关注人才能力的发展思路并非完全初创,早在多年前,盖洛普咨询公司就已提出"盖洛普路径",该路径指导企业如何关注顾客与企业的情感联系、工作环境和员工敬业度、发展优秀的经理、识别个人的优势,因才适用,从而驱动企业可持续的发展和利润的真正增长,推动公司真正实现"有机增长"。区别在于,"盖洛普路径"以优势识别为核心,而人才管理"三能"模式集人才的"潜能、能力、效能"三位一体,在强调能力识别的同时,也提出了能力持续建设的可能性与可行性,积极倡导在人才能力价值链打造上组织主动性与能动性的发挥。所以,人才管理"三能"模式既呼应了已有管理理念与有效实践的要点,又提出了自身独特的作用角度和价值意义。除此之外,任何一个管理体系或者管理方案要想发挥作用,只有理念和系统设计是远远不够的,落实才是关键,管理唯有落于实处才能取得实效,人才管理"三能"模式对于组织人才能力供应链的打造也是如此,围绕"释能、建能、赋能"的三大作用机制,配套了相应的解决方案思路与工具方法,供读者思考与参考。

全书的基本结构与逻辑为:第一章内容阐述人才管理的背景及其意义与内涵,从外部环境的变化、对组织的影响,以及进而对组织与人关系的影响等方面出发,提出为何当前组织更需要做人才管理,人才管理的意义与本质是什么;第二章内容聚焦于人才管理"三能"模式,介绍其使命与理念、构成要素以及三大作用机制,帮助读者勾勒出创新性人才管理方法体系的全貌;第三章到第六章的内容则为三大作用机制的落地的思路与方法描述,其中第三章是针对"释能"机制的作用发挥,阐述"人才潜能的开发方法与技术",第四章与第五章的内容都是围绕"建能"而展开,帮助组织实现能力的可持续发展,分为两步走,第一步是进行组织现有人才能力的盘点,即第四章内容,第二步是基于盘点情况介绍能力提升方法,即第五章的内容;第六章是基于"赋能"的目的,阐述人才效能提升的组织支持建设的四个入手之处,以期给读者带来启发。

战战兢兢、如履薄冰,秉着对自己以及对读者负责的态度,本书在撰写过程中,每一个观点的提出都力图立足于扎实的专业思考与管理实践的现实总结,但管理实践如浩瀚深海,由于个人经历和水平之限,书中如有疏忽及不足之处,请广大读者予以批评指正!

目 录

前 言

第一章 新时代呼唤人才管理 | 1

第一节 环境与组织之变 | 2

一、环境的变迁 | 3

二、组织的调整 | 7

三、"人-组织"的思考 | 10

第二节 为什么需要人才管理 | 17

一、必要性与意义：人的价值提升要求组织做好人才管理工作 | 17

二、人才管理是什么 | 20

第二章 人才管理"三能"模式：释能+建能+赋能 | 27

第一节 三使命+七理念 | 30

一、三大使命 | 30

二、"七化"理念 | 33

第二节 "人-事-物"三要素 | 40

一、"人"——管理责任人的明确 | 42

二、"事"——管理对象的选择 | 45

三、"物"——数字化平台为基 | 49

第三节 三大作用机制 | 52

一、释能：多元驱动的潜能开发 | 53

二、建能：可持续胜任能力提升 | 61

三、赋能：人才效能提升与保障 | 68

第三章 人才潜能开发方法与技术 | 75

第一节 组织层面的员工潜能开发策略 | 76

一、组织价值观的明确及落地 | 77

二、员工思维的塑造 | 85

三、敬业文化的打造 | 95

第二节 个人层面的员工潜能开发法 | 99

一、情商开发 | 99

二、灵商开发 | 102

三、教练技术 | 105

第三节 "高潜力"人才测评方法 | 107

一、盖洛普优势识别器 | 108

二、PDP 测试 | 110

三、职位/任务潜力测评 | 113

第四节 "高潜力"人才特征识别 | 120

第四章　人才能力建设之盘点 | 127

第一节　能力需求分析 | 129

一、DACUM 教学计划开发方法 | 130

二、未来能力需求分析 | 134

第二节　能力评价方法 | 137

一、无领导小组讨论 | 138

二、公文处理 | 142

三、演讲 | 143

四、角色扮演 | 144

第三节　人才盘点会 | 145

一、会前准备 | 147

二、会议过程 | 149

三、盘点呈现 | 152

第五章　人才能力建设之提升 | 163

第一节　人才能力提升策略 | 164

一、可行性分析 | 165

二、三维驱动 | 167

三、学习地图 | 172

四、外来思路 | 177

第二节　人才能力提升方法 | 180

一、"7-2-1"能力提升组合拳 | 180

二、高潜力人才提升方法 | 193

三、继任计划 | 195

第六章　人才效能提升建设 | 201

一、组织优化下的"人企联盟" | 202

二、合作倡导下的团队建设 | 205

三、权力分配下的组织赋能 | 212

四、资源与信息的共享平台 | 217

参考文献 | 225

声明 | 229

第一章 新时代呼唤人才管理

有人的地方就离不开对人的管理,从传统人事管理,到人力资源专业职能管理,再到战略人力资源管理……这些不同的概念反映出随着时代发展,组织对人的管理的内涵一直有所改变,越来越明确人在组织中的价值定位。当前,互联网时代的科学技术发展,给我们的工作与生活带来了太多改变,在某些领域甚至是颠覆式的变革。在这样的背景下,组织与人的关系也有了新的思考,人才管理的概念应运而生。本章包含两节内容:第一节将通过对环境与组织变化的阐述,来描绘人才管理所处的背景;第二节的内容将聚焦于人才管理的基本知识点与内涵要义。

知识重点

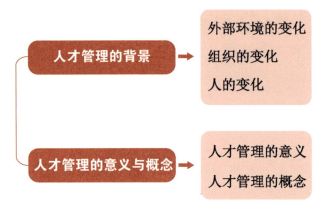

第一节　环境与组织之变

"初渐谓之变,变时新旧两体俱有;变尽旧体而有新体,谓之化。"

——《礼记·中庸》

这是一个新兴与传统并存的时代,这是一个新旧模式交替的时代,这是一个由"变"走向"化"的时代。快速发展的外部环境让企业竞争变得更加猛烈与残酷，也让挑战与机遇变得更加多样与迅捷，一些企业惨淡收场，一些企业应运而生，带着互联网色彩的时代脉搏，变得让人更加难以捉摸。在这个大环境下，人们所能感觉到的是一种不可抗拒的、强有力的发展节奏，不间断地、更加快速地冲击着新旧组织，影响着组织中的每一个人，我们进入了一个多元管理理念与多样化管理实践共同发挥作用的时代，组织与人的关系也有了新的变化，人的价值发挥对组织越来越重要。

一、环境的变迁

1. 改变是迅速的、复杂的、无限的

商业环境向来多变，互联网时代使这一切更加让人目不暇接。技术的发展大大改变了人们的工作与生活，很多过去只能想的事情，在技术的帮助下变成了现实，很多从来没有想过的事情，也随着科技进步的浪潮而被动卷入，这正如《世界是平的》一说中所提到的，"能够让个人自由参与全球竞争的不是马力，也不是硬件，而是软件和网络"。[1] 确实，放眼望

---

[1] [美]托马斯·弗里德曼著. 何帆, 肖莹莹, 郝正非译. 世界是平的：21世纪简史[M]. 湖南科学技术出版社，2006：23.

去，全球化的经济发展、快速更迭的技术创新、随势改变的行业规则、不断升级的用户需求……每一项都增加了组织经营环境的变数，让企业所面临的市场、产品服务提供以及管理活动变得更加复杂。在这种形势下，强调规模、强调分工与管控的传统经营模式已经解决不了很多问题，企业需要正视无限极致、千人千面的用户需求，处理好继承与突破之间的关系，企业需要变得更为灵活、反应更加快速，并且重新思考资源的边界与可利用率，更加重视创意与创新的市场价值。

2. 改变是"有机的"、难以预测的

当我们面对迅速且复杂的变化时，首要思考的点在于这种变化是否允许人们借助经验，通过对过往实践的总结与研究去把握这一新变化的规律，进而进行预测并提出解决方案。再进一步思考，这其实与变化所关联的要素特点有关，如果是相对稳定的、界限分明的、各因素之间的关系是简单相连的，那么即使构成关系数量多，在短期让人难以看清楚运作原理，但通过一定的积累和总结研究，最终人们还是能够分解出其内在关联的，这个过程类似于探究机械的运作机理，具有线性特征。相反，如果所涉及的变化因素本身就具有多变的特点，边界无限拓展，那么随着万物关联性的日益增强，会导致连带

反应更剧烈更迅速,这个过程就类似于有机生物体的运作,具有非线性特征,虽然可能内在也有其自身的规律,但从外界来看却是充满无限变数。当前我们组织经营所处的环境,就更符合后者的特点,是"有机的"、难以预测的。虽然当前"大数据分析"的发展能让我们在很多领域获得总量庞大且精确的原始数据,帮助我们看到事物之间的关联,但这并不意味着能够对事情的发生进行准确预测,这并不是分析方法的限制,而是因为把握事物的关联性与可进行预测是两码事。更具体地来讲,虽然大数据所带来的进步为人们提供了客观真实、总量庞大的数据信息和原始数据,但不可忽视的是,大数据同时也带来了传导平台与通信渠道的飞速发展,在此类媒介的作用下,一个事物的变化会迅速关联到多个事物,变化的速度更快、范围更广,牵扯事物的数量也会更多。由此,在两方面的综合作用下,即使事物之间的关联性分析可能会变得更为明显,像生态系统一样,充满活力和生命力,能够看到关联规律,但是整体趋势走向如何,会变得更加捉摸不定,变化呈现出"有机"的、难以预测的状态。对此,管理学思想家加里·阿梅尔也曾有过这样的观点:"各家企业现在发现自己陷入了一种它们无法掌控的生态系统和价值网络中,这使得它们几乎无法预测或规划自己的命运。"①

3. 改变来自创新,创新来自于人

对于变化不仅要"知其然",更要"知其所以然",改变到底来自哪里?在世界各个角落随处可见的人类生活变化,离不开互联移动技术的高速发展,离不开科技创新日益深远的影响,其中人的创新精神与创造力是一切的源泉。在企业经营管理领域也是一样,虽然多种因素的综合作用带来了组织发展与变革,但其中扮演最重要角色的还是组织中的人,以及人与组织关系的调整。首先从组织角度来看,组织目标与架构、盈利与商业模式、产品服务、组织形态及工作方式,方方面面的改变与调整不期而来,面对这些新的挑战与机遇,组织本身不一样了,在纷繁复杂中,要想获得可持续发展,组织唯一能肯定的就是需具有与时俱进的价值创造能力;其次从人的角度来看,互联移动技术的生活渗透,使人性得以张扬,人们的价值观在发生变化,自身有了新的发展诉求,也对组织有了新的期待,在组织价值创造、价值评估、价值分享的链条中,组织中的人将扮演更具有创造力的重要角色。由此综合来看,新

---

① Gary Hamel. Strategy as Revolution[J]. Harvard Business Review,1996,74(4):70.

时代的改变要求组织关注人的创造力与创新价值,这是新时代企业生存与发展的必需,也是获得可持续竞争优势的要点所在。而且,人对于组织的价值创造,质量的意义远超于数量,技术革新日新月异,产品与服务的信息化程度越来越强,使组织商业模式的创新与管理的优化也呈现出持续状态,这一切都告诉我们组织对于高端领域人才,或者说核心人才的需求会日趋强烈,需要大量奢侈招人的组织会越来越少,反而是人的能力的重要性会越来越大。

二、组织的调整

1. 组织能力需要被重塑

组织能力是企业的竞争优势所在,不同时代对组织能力有不同的诉求。过去我国大多数行业与企业的增长方式,都依托于规模的扩张,关注效率、成本与质量、业务流程,在这一过程中,组织能力侧重于打造集中的决策力量,寻求成本与规模之间达成平衡的组织协同,以期实现更大的增长。而如今随着竞争环境的改变,移动互联时代的游戏规则发生了很大的变化,"连接一切"带来了"改变一切"的可能,企业必须具有持续快速适应的能力,尽快认识到在"消费主权时代"所应扮演的角色。企业的生存与发展必须能够突破传统条条框框的限制,要能把握用户痛点,切中市场需求,甚至是引领市场需求,实现创新性产品与服务的提供与快速迭代,侧重用户导向,强调更好的客户体验、更完善的问题解决方案以及卓越持久的客户关系构建,同时,不能忽视企业对网络传播效应的驾驭能力,无论是正面的热点引爆还是负面舆论的扭转控制,都应当拥有一定的预控力。在这种情况下,组织需要被激活,组织需要打造创新的、灵动的、敏捷的、真正客户价值导向的组织能力。

2. 期待简约高效、平台式的组织模式

互联网时代给组织发展带来了无限可能的同时,也伴随着一些"荒谬"与"无奈",企业明确了竞争优势来源、思考了组织能力构建、畅想了愿景所在,看似一切顺理成章循序渐进,可是却偏偏有可能在以往最寻常的流程设计与目标确立上摸不着头脑。这是因为变化总是太快,问题突如其来、机遇转瞬即逝,企业需要有灵活的组织结构与模式去迎接变化并及时做出调整。不难理解,在这种情况下,传统的科层组织层层汇报的信息传递与决策机制、封闭的商业模式,用人上只强调精英主义,会离真实的市场愈来愈远,诺基亚、柯达的兴衰成败,已经带给人们无尽的感慨。

那么,我们到底期待怎样的组织模式?简单来说,就是能够呼应组织能力,增强竞争优势的组织模式,即简约高效。可以通过信息共享,使组织变成一个更为透明的有机整体,或者是着力营造"去中间化"的平台效应,使组织更为开放,逐步走向生态化系统。实践中有太多的企业践行于此,比如互联网色彩浓郁的腾讯、小米自不用说,这类企业向来避免人员臃肿的管理方式。更让人没有想到的是,一些传统企业也在进行转型,并且取得了令人瞩目的成效,比如其中的突出者海尔,力行组织系统变革,大胆尝试平台化建构,将组织单元做小,激活个体创造力,盘活资源并扩大整合范围,为企业发展带来更多可能。

3. 任务组织方式的"小"+"大"共存

组织模式变了,完成任务的工作方式自然也会发生变化,即从传统的聚焦"工作岗位"走向强调"工作任务",而"工作任务"会出现"小"与"大"的状态共存。其中,"小"是指流程被高度细分,工作任务被分解成高度灵活的、便于组合的子单元,形成"量子任务生态",便于量级较小的自治团队来担负职责。而且,任务的"小"会促进合作在地域范围上的突破,即随着全球化人才市场的开放步伐,跨国别、跨领域的项目团队,甚至是个人,都将会有更多的机会突破现有的组织限制,去灵活组合,呈现出越来越多的团队作业或自由式作业。而"大"是指工作任务的范围越来越无法界定,所以不能靠组织来设定分工,甚至工作做什么、如何做都不是组织管理能够决定的事情,换句话说,这一切都得依靠承担工作任务的主体来完成,这是一种通过高度授权来激发个体创造力的工作组织方式,这种情况类似于在 *How Google Works* 一书中所描述的:"未来组织的关键职能,就是让一群 smart creatives 聚在一起,迅速感知客户需求,愉快地、充满创造力地开发产品、提供服务。这些人不要你管,只要你营造氛围。"①

三、"人-组织"的思考

处于时代的浪潮中,在整体社会价值观多元化的环境下,每个社会人其实都处于变化之中,身处各组织中的员工群体也慢慢展现出与过去不太一样的特点,对工作的看法、对组织的期待也值得管理者寻味,"知人"才得以"善任"。

---

① Eric Schmidt, Jonathan Rosenberg. How Google Works[M]. Hodder & Stoughton General Division, 2015.

1. 员工对工作的看法

（1）自主意识崛起下的事业观。互联网时代，信息不对称的降低与信息传播的便捷，在某种意义上，促使人们被压抑的人性被逐步释放出来，员工就不免会有更多的发展期待与想法：他们还是否愿意追求稳定，从而将自己固定在一个角色中？甚者是否愿意把自己固定在一个组织里？即使承担着某个固定的工作角色，是否愿意完全按照工作岗位的既定要求来行事？是否需要更多的自我展示平台与参与机会？是否会更在意自身想法的尝试与实现？这些问题的答案会更加多样。同时，在互联网背景下，个人的能力也是被放大的，拥有了创造一切可能的机会，员工的事业观也逐步走向多元与独立，那些有想法、有能力的员工，会越来越看重"自由"的价值及其与个人事业的关系，员工自主意识崛起，借用管理学专家陈春花教授的一句话："公司是有生命周期的，而事业的影响可以绵延不绝"，正如海尔集团张瑞敏2014年在海尔年会讲话中所提到的"人人是创客"，这可能就是绝大多数知识型员工的内心写照。

（2）工作的意义超越工作本身。独立的事业观，也使得员工在重视工作结果的同时，开始更多地思考工作的意义，即工作的意义不仅在于完成任务,更重要的是体现自身价值。组织认识到这一点,就可以对很多新生代员工的行为予以理解,比如很多年轻人会舍弃在相对成熟稳定的大企业的工作机会,而去自己创业或者选择加入一些初创型企业,之所以会有这样的行为,预期的财务回报与职业前景是一个影响方面,但更多的驱动力可能在于他们创建伟大事业的内心愿景,在于自己在工作中体现出企业家精神的满足感。而且,在初创型公司里,员工个人发挥力量的范围也可能更广,所做的事情更易于贴合实际业务需求,由此所展现的价值贡献也会更加明显,因为此类公司一般组织层级结构的等级划分感相对较弱,避免了大企业系统僵化的内耗。此外,员工对于工作价值的界定较传统也会有所突破,超越了个体范畴,他们逐步开始思考组织层面、社会层面的价值贡献意义,也会超越单个公司的范畴,思考工作对所处行业的价值,有时候还会突破地域限制,思考工作对于全球发展的意义,以至上升到人类价值的高度。总而言之,新一代的员工对工作更具有使命感,强调超越工作本身的远大目标的实现。其实,这一观点在管理大师彼得·德鲁克 20 世纪 40 年代的一些早期主要著作中也有反映:"工作应当体现人的社会价值,如机会、社交、认同以及个人满足,而非仅仅反映成本、效率一类的商业价值。"

(3)工作与生活同样重要。虽然当下"工作狂"依然是很多人主动或者被迫选择的生活状态,但不可否认的是,工作与生活的平衡是这个时代更多人的追求,我们在国家层面也越来越倡导幸福生活与家庭的重要性。其实,工作与生活本来就不应该是冲突的两方面,而应是相辅相成的关系,积极的工作状态与良好成就能够夯实个人和家庭幸福的基础,而后者的幸福也能为工作的开展提供更多的保障与动力。也可能正因为如此,所以在新一代员工这里,出于对自我认知的明确以及对工作与生活的双重热爱,他们不再把工作当作生活的唯一目的,更愿意将努力工作与幸福生活并列为人生目标,过去那种心甘情愿地工作而完全不计较个人需求的情况已经较为少见。

2. 员工对组织的期待

除了一些个人职业者,对于大多数人而言,组织平台都是自己工作的载体,其实"员工"这个概念,本身就有归属于哪一个组织的意味,没有组织何谓员工。但是随着时代的发展与随之而来的各种变化,"员工"这个词儿以后是否会以目前的形态存在,也确实是个有待商榷的问题。因为人与组织合作关系的多样化与多元化，催生了一系列新的概念与词汇来描述二者的关系，比如我们经常听到的"U盘式人才""事业合伙人"等等。这一切的背后，体现了员工与组织合作关系的变化，体现着人们对组织管理新模式的期待，在此本书选择了一些做简要阐述。

（1）按需化的人才市场。互联网技术支持下的人性解放，使得越来越多的人期待自由自主的非雇佣劳动关系，同时信息技术本身的发展，也为灵活用工提供了客观条件支持，在此两相作用下，劳动力市场逐步从传统"雇主主导"模式走向"员工个体主导"模式，"按需化人才市场"的美好憧憬逐步落于现实。在这样的发展趋势中，任何人都有可能成为自己的老板，来布局自己的职业发展，比如知识型员工可以凭借自己的专业技术与资源关系，与任何一家目标契合的公司进行短期或者长期合作，也可以同时与多家公司建立合作关系，固定归属已不是好工作的唯一解。面对这些改变，企业需要建立更加开放的合作平台，以及配套的价值衡量与价值评估体系，传统人力资源管理的选用预留等职能模块也要做出调整与改变。也就是说，人与组织的供需关系不是建立在具体的岗位基础上，而是建立在具体的工作任务基础上，这也呼应了"量子任务生态"的新概念,形成"组织-人"的新式联结。

(2)终身价值管理。似乎"人才争夺战"是每个企业在发展过程中总会遇到的,甚至可以说是永远需要着手面对的一种人才竞争状态,但现在这种"争夺"也慢慢有了新的特点,企业不再像以往那样是去争夺一个个具体的"人员",而是去争夺人在工作中所产生的实际价值,这与"以人为本"实则"以人的价值为本"的道理相同。新一代员工的也多数认可"价值为本"这一理念,尤其是作为知识型员工,更期待组织提供终身价值管理,这种期待涵盖三个要点:其一是创新价值的认可,知识型工作者往往因为拥有知识而具有了相对自主解决问题的能力,需要组织提供运用知识创造更多新价值的平台,使其有更多的可能去研究新的产品、拓展新的服务、尝试新的解决问题的方法、拓展新的渠道、利用新的新资源;其二是多元价值的认可,即贡献多元、价值多元、回报多元,呼应突破岗位的任务管理与合作方式;其三是长效价值的认可,组织要基于公司发展战略与可提供资源,及时进行前瞻性的人员规划,提供合适的内部职业晋升渠道,帮助员工实现可持续的价值贡献。

(3)平等合作关系。资源与平台的社会化和网络化发展,使过去个人依附于组织的情况正慢慢发生变化,组织与个体之间的共生关系变得有些微妙,甚至会出现个体能力超出组织界限的情况,人与组织的关系由传统的依附关系转变为合作关系,甚至逆转,即不再是人依赖于组织了,而是组织的生存发展依赖于员工的知识和能力,颠覆了著名管理学家巴纳德的传统观点:"组织基于合作,而合作基于个体生存的需要,组织是由于个人需要实现他自己在生理上无法单独达成的目标而存在的。"目前的发展趋势更切近于管理学家陈春花教授的看法,她曾经对巴纳德的观点做过阐释与补充,提及:"互联网时代恰恰是相反的情形,是'组织是由于组织需要实现它自己无法单独达成的目标而存在。简单而言,互联网出现之前,个体要实现个体目标一定要依附于组织;互联网出现之后,组织要实现组织目标一定要依附于个体。'"[1]这种演变实际上给组织中的管理者提出了挑战,要求企业必须尊重员工的需求,用共同的目标与价值来建立和约定彼此之间的关系,主动了解员工的诉求,信任员工及其能力,为员工提供合适的发展机会与平台,以此通过员工的价值创造来实现组织目标。

---

[1] 陈春花.激活个体:互联时代的组织管理新范式[M].北京:机械工业出版社,2017:69.

第二节　为什么需要人才管理

一、必要性与意义：人的价值提升要求组织做好人才管理工作

组织中的人是竞争中唯一真正重要的资产，这一点在很多企业都达成了共识，因为是员工产出新产品和服务的创意，是员工将基础研究成果上升为商业化的应用研究，是员工推动着技术进步，不断改善生产效率与产品质量，是员工在提升服务顾客的满意度，打造企业品牌……可以说失去了人，企业就失去了竞争力，在进入互联网时代之后这一点变得更为明显。可以说，互联网时代是人力资源的重器时代，科学技术的发展让资源的可连接性无限增强，而在此过程中，人成为联结一切的中心，激活人才能激活组织，才能真正帮助企业实现可持续的价值增长。

首先，身处互联网时代的企业所处竞争环境更为复杂，所

发生变化比以往任何时候都要快，这要求企业必须具备能够快速应对这些变化的迭代思维能力，而这种组织能力的具备，只靠管理层是不够的，必须调动组织中的人力资源，尤其是创新性人才。

其次，互联网不仅给我们的工作生活带来了技术与平台，还给很多领域带来了思维模式的创新，最突出的是让很多企业由传统的关注渠道商，转向了关注用户与顾客，出现了"粉丝经济"，促使商业回归人性，更看重人的需求。这里的"人"包括组织内部的员工，也包括外部的用户，无论指哪一方，都要求企业更为关注人的价值，企业与用户之间互动的增多，要求企业必须能够激活员工，才能更好地与用户建立黏性，将用户发展成为企业的忠实顾客。

最后，相对于其他实体资源，人力资源本身所具有的生命力，在互联网时代表现得分外明显，人成为真正能持续带来利润的关键竞争因素，若能做好人才管理工作，对于人力资源，组织可以憧憬"取之不尽用之不竭"的持续价值发挥。

基于上述，我们了解到组织内外环境的变化与发展，重新定义了"组织与人"的关系，让人的价值对于企业的重要性提升到前所未有的高度。那么应该如何有效发挥人的价值呢？

不是仅有企业的重视就能够如愿带来生产力,人的价值发挥是讲求方法的,离不开组织管理理念与实践的支持,简言之,组织需要做好人才管理工作。人才管理的意义可以从组织发展与人才个人发展两个方面来看。

首先,对于组织发展的意义在于:

◆ 增强企业应对外部环境的内生动力;

◆ 真正使组织变成一个富含能量的"有机体",能量输入—能量流动—能量再生,像"人体循环系统"一样,打通能力结点;

◆ 帮助组织发挥长期优势,为组织持续提供关键人才;

◆ 帮助解决组织智力资本的获取、挖掘、激活、转移、留存等问题;

◆ 提高人对组织流程及其变革的支撑度,必要时实现最迅速、最大可能性的转型与重组,从"石墨"到"钻石";

◆ 解决各层级核心岗位的接班人问题;

◆ 为整个组织选拔和培养人才。

其次,对于个人发展的意义在于:

◆ 增强人才目标感,了解自己在组织中的定位,承担应有的职责;

◆ 唤醒核心人才的全局意识,突破人才容易从单一职位角度思考自身职责的局限;

◆ 建立自我管理的框架:及时准确的自我评估,加上对优秀业绩标准的差距感知,能够强有力地推动人才自我发展;

◆ 帮助人才明晰个人能力发展诉求及发展路径,激活个体;

◆ 提升组织人员士气;

◆ 增强员工应对变化的能力(比如外部环境演变与内部组织变革)。

二、人才管理是什么

人才管理(talent management)概念于2000年左右由美国管理学界提出并迅速在企业得以应用和发展。当前,在我国很多企业也已超越了传统的人力资源管理阶段,步入人才管理阶段。可以说,人才管理已呈现积极的发展趋势。越来越多的中国企业意识到:"一家真正的卓越公司首先不是一家简单的产品公司,同时也不是一家简单的服务公司,而是一家真正的人才公司。"[1]

---

[1] 李常仓.人才盘点:创建人才驱动型组织[M].北京:机械工业出版社,2018:48.

对于人才管理的概念，人们有多种不同的理解，从不同的角度予以解读。比如说，有的将人才管理看作一个重要业务流程，认为该流程能确保组织拥有足够数量和质量的人才，满足组织目前和未来的业务发展及其优先顺序的需求；有的是从人才特点的角度来阐释人才管理，认为人才管理是组织吸引、开发以及保留一流员工所做出的努力，这些一流员工也被称为高绩效人员、高素质人员或高潜力人员，人才管理是对绩效最佳的10%的员工的特殊关注；有的定义侧重人才管理的意义，指出人才管理是确保关键岗位领导力的持续性而做的工作，为公司未来保留和开发智力及知识资本，并激励员工个人发展的行为。在综合已有研究与实践咨询经验的基础上，本书认为：人才管理是聚焦组织内部人员能力的一种系统管理行为，是围绕员工潜能开发、胜任能力提升以及组织赋能（能力赋予）等问题而采取的系统思考与解决方案提供，通过帮助企业激活员工、提升员工能力以及打造员工发挥能力的组织平台，以提升组织的人力资源价值。

1. 人才管理与人力资源管理

人才管理与人力资源管理并非迥异或者割裂的，大多数公司建立了基础的人力资源管理体系后必然进入人才管理阶段,人才管理是人力资源管理按其自身逻辑进一步发展的必然结果。但两者也有根本区别：人力资源管理更关注流程和岗位,而人才管理更强调人员和能力。人才管理阶段要求企业的 HR 要更懂得战略,更具前瞻性和预见能力,并且逐渐由事务工作转向战略思考工作,从服务于企业战略转变成为构建企业战略。人才管理不仅仅传递组织整体发展战略,它本身就是组织整体发展战略的一部分。

2. 人才管理与人才驱动型组织

对于组织来说,人才管理工作绝不是一项单一职能,而应被当作一个系统问题,人才管理是以人才能力为内核驱动的综合管理系统。也就是说,人才管理要想做得好,不能靠某一项举措或者方案,而是需要从组织本质特点上就融入人才的核心价值,并不断在落实中强化,甚至可以说,做到卓越的人才管理可成为组织的核心驱动力。早在 2008 年,就有管理学者提出"人才驱动型组织"的概念:"人才驱动型的组织善于确定人才需求,发现人才不同的来源渠道,开发组织中个人和集体的才智,并能合理配备人才,使人才全心全意工作并顺应企业最迫切实现的目标。一旦这些人才管理能力得到高度整合,与企业的经营战略相配合,并与企业的运营过程相辅相成,它们将构成非凡的组织能力,成为持久竞争优势的源泉。"①现实中有不少企业也正是这样做的,比如我们耳熟能详的腾讯、小米、海尔等公司,为了应对互联网时代不断变化的内外环境,它们重视人才的价值提升,强调人才创新能力的激活,在管理系统上大胆开创和革新。

 人才管理:发展中的新问题

> 无论是传统行业还是新兴产业,随着自身的成长发展与外部环境的变化,不少企业都会面对一些新的人才管理的问题,下文所描述的即为三家企业各自的简要情况:
>
> 一、A公司
>
> A公司成立于1989年,经过创业者们的共同努力,经历了不同时期的曲折,现已成长为一个多元化投资、专业化经营的综合性企业集团,主要投资领域是城市燃气、燃气机械和地产开发等。集团拥有员工10 000余人,80多个全资、控股公司和分支机构分布在国内20多个省区市及中国香港、悉尼、伦敦等国际都市,总资产过100亿元,曾入选《亚洲周刊》"国际华商500强"。
>
> 集团快速发展,面对新的竞争环境发现自身在组织和人力资源

---

① [美]切斯,托马斯,卡拉奇著.雷秀云等译.人才驱动的组织[M].上海:上海交通大学出版社,2008.

方面存在一些问题,表现为如下特征:①公司已完成一次创业,进入二次创业时期,出现了一次创业者和二次创业者的关系问题,尤其是继任者管理问题;②员工数量不断增加,文化背景错综复杂,出现组织价值观和文化的整合问题;③管理常被撕裂,经常出现管理真空,一线的问题无法被及时解决,出现管理体系健全与创新转型等方面的问题;④管理梯队建设出现断层:司龄3—5年的人员相对缺乏,梯队建设出现断层,与实际需要不匹配,个别关键岗位对个人的依赖性较大,后备力量缺乏。

二、B公司

B公司成立于2000年,是某物业集团公司的旗下一员,从事物业管理服务。公司一向强调客户服务意识,寓服务于管理之中,并以此理念培养了大批物业管理人才,为年轻的物业管理行业注入了新生力量。公司下设管理部、工程部、保安部、行政部、财务部、人力资源部及采购部等部门,共有员工近180名,其中资深技术人员和高级管理人员30余名。

近年来,随着公司的迅猛发展,其战略目标的实现对企业人力资源开发和管理提出了更高的要求。其中核心的一条便是,公司急需构建一个既开放又极具内聚力的人力资源管理体系。公司通过这个体系输入激励要素,员工在这个体系之下输出个人价值,最终实现组织和员工个人的共同理想。具体来讲,该公司迫切需要通过人力资源管理的优化达到以下目的:①企业不断成长中的人力资源需求能够得以及时明确;②公司对于人才具有持续吸引力;③人才工作的积极性和创造力能够得到充分激发;④人才个人职业规划与组织目标的一致性程度尽可能提升。

三、C公司

C公司是一家自营式电商企业,在线销售的产品包括数码家电、汽车配件、服装鞋帽、家居用品、个人护理用品、食品书籍、体育健材等多个种类,活跃用户数与客户数都达数千万人的量级。

在如此庞大的业务量下,公司员工的规模也快速扩张,员工的构成也逐步多样化,组织及人才管理的复杂度也有所增强:①员工流动大,尤其是对于新生代员工,传统的激励措施效用有限,员工自我意识增强,更加理想化和随性,企业如何与他们建立有效的心理契约是个需要思考的问题;②随着客户需求的多元化与及时性的提高,组织决策反应的速度要求也上升了,如何能提高组织问题解决的准确性与及时性;③互联网企业有海量人员数据作为基础,但在管理中未能得以充分的挖掘利用,如何利用这些数据进行预测分析,为人才管理决策提供客观支持,比如搭建后备人才梯队。

(资料来源:华夏基石企业管理咨询集团咨询案例,查询网址:http://www.chnstone.com.cn/index.html,编写有该动。)

结合案例内容,思考如下问题:

1. 请综合三家企业的情况,梳理总结当下组织人才管理的基本需求。

2. 针对这些需求,请根据自己的理解,提出当前组织人才管理的特点。

第二章 人才管理"三能"模式：释能＋建能＋赋能

人才管理既然是个系统问题，就需要系统化的解决方案。围绕人才管理的价值与目标，基于人才管理的定义与内涵解读，本书创新性提出人才管理"三能"模式（the "P-A-E" mode of talent management），聚焦组织内部人才，以潜能（potential）开发、可持续能力（ability）建设以及效能（efficacy）提升为三大使命，打造与时俱进、突出重点、强调落实的人才管理体系。为了更好地帮助读者理解人才管理"三能"模式的要义，我们可以打个比方，将组织看作是人体，人才能力对于组织就相当于血液对于人体的意义，是其存活与发展的必备条件。那么我们知道，血液的来源有两种渠道：一种是"输血"，另一种是"造血"，对于人体哪一种更重要？这基本上是一个不言而喻的问题，人一定要有自己的"造血"能力，

"输血"解决不了根本问题,这一点相信没有人会反对。这个看似简单的道理,如果我们转换角度从组织和人才能力上来看,会发现很多企业却是背其道而为之。我们见到现实中有不少企业,当人才能力不足的时候,第一反应是瞄向外部劳动力市场,总觉得有用的人才都在组织外部,得想办法请来,甚至通过各种手段挖来,总是看"别人家的孩子"好……这不就是将"输血"看得比"造血"更重要了吗?在很多紧急情况下,或者说自身机体确实出现危机的时候,输血确实是渡过难关的办法,外部引进人才也是一样,可以解燃眉之急。但如果要从根源上解决问题,让组织具有生命力和可持续发展能力,就一定得有"造血"能力,人才管理"三能"模式,就是帮助企业解决造血问题。

本章内容分为三个部分:首先,对人才管理"三能"模式的体系特点进行介绍,包括肩负的三大使命与体系建设的七个基本理念;其次,从"人""事"和"物"三个方面阐述该模式构建的基础要素;最后,对其"释能""建能"以及"赋能"的三大作用机制进行介绍。

知识重点

- **"三能"模式的使命与理念** → 使命内容 / 理念特点

- **"三能"模式的构成要素** → 管理责任人 / 管理对象 / 管理平台

- **"三能"模式的作用机制** →
  - 多元驱动潜能开发的释能机制
  - 持续提升胜任能力的建能机制
  - 提升与保障人才效能的赋能机制

第一节　三使命＋七理念

一、三大使命

在人的管理问题上,我们已经有众多理论与实践的探讨和尝试,分析总结出许多常见的相关问题,比如与整体战略不匹配、战略支持性不足、传统人力资源管理无法满足业务发展的需求、HR转型不到位、企业用工效率低下等。这些问题确实存在,也确实重要,但我们需要意识到的是,这些问题基本都是从组织的角度来探讨,是基于组织需求角度思考的结果,并没有将员工的需求考虑到位。本书提出的人才管理"三能"模式以人才能力为核心,会更重视员工这一人才能力的载体。既然不少企业都声称员工是其内部客户,那就让我们尝试从客户需求的角度来想想员工需要什么。其实,员工对于工作的诉求可以简单概况为两点:一是这份工作"我想干";另一则是在这儿"我能干",即"想干"+"能干"。也就是说,员工需要的是自身有意愿和能力做好工作，同时也能获得组织的许可与支持。解决了员工"想干"与"能干"的问题，就是抓住了人才管理的关键，这也是人才管理"三能"模式的使命所在，具体如下。

1. 使命一：人才管理需要激发并挖掘员工的潜能

如果说组织中人才价值的实现会受到两个大的方面的影响，其一是员工的个人表现好坏，其二是组织管理的效果，那么潜能开发方面则主要针对的是前者，即为改善员工行为而激励和开发员工个体潜能。面对着组织上下所处不同领域、不同级别的众多人员，企业有必要思考一下：现有的这些人员，是否都拿出了自己的最大努力，来完成组织的任务？是否其身上还有尚未被发现的素质能力，能够有助于组织目标的实现？在这些人员中间，是否会有一些人才更具有创造性、更具有问题解决能力，能够在未来承担更重要的组织任务，发挥更大的价值？如果有，组织如何鉴别出这些人才？组织人才管理做到位，会对这些问题的解决产生很好的推动作用，减少组织人才的"怀才不遇"，发现更多的"有用之才"。

2. 使命二：人才管理需要持续提升组织的人才胜任能力

人才管理，简单从字面上理解就是"管理人才"，这不仅是要做好人才"盘点"工作,更要"盘活"人才,也就是说需要从动态的角度,解决人才能力的可持续发展问题,做好内部人才的持续供给工作,这涉及胜任力管理、人才梯队建设、接班人计划等多个方面。有效的人才管理,需要帮助组织思考并解决如下问题:组织关键岗位的能力标准是什么?未来发展所要求的能力标准是什么?现存人才的能力的情况如何?岗位更迭的接班人选工作是否准备到位?尤其是继任者计划是否完善?对于现在或将来发展可能存在的能力缺口计划采用什么方法补上?人才能力提升路径及措施是否成熟完善?

3. 使命三:人才管理需要提升以价值创造为核心的人才效能

在上述使命一中,曾提到人才价值的实现除了会受到员工个人的影响之外,还有组织管理的作用,此处第三个使命就是从组织管理的角度来思考如何提升人才效能。其实,关键是以价值创造为核心的一系列举措,涉及组织结构、管理流程、权限分配以及平台资源支持等多个方面。为了更好地推进,组织需要思考并解决如下问题:组织结构与流程设计是否灵活高效,能够助于人才发挥价值,进而激活人才?接触顾客的一线人员是否拥有解决问题所需要的资源?组织是否为人才价值创造提供足够的资源支持？等等。

二、"七化"理念

人才管理"三能"模式是考虑到当前企业竞争环境及其给组织带来的影响，基于组织现实发展需求而提出的人才能力解决方案。那么，环境的变化、组织的变化及其对组织中的人的影响变化也给人才管理渲染了新的色彩，人才管理实践要遵循一些新的理念，本书总结提炼为七点，如图2-1所示。

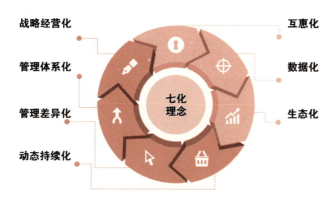

图 2-1　人才管理"三能"模式的"七化"理念

1. 人才战略经营化

人才是企业竞争优势的来源，与其说人才很重要，不如说企业管理人才的能力更重要。所以，人才管理的重点不该放在如何争夺人才，而应该放在如何用好人才上，借用一句话说,企业所对面的不是一场人才争夺战,而是一场人才经营战。

经营人才与经营组织一样,需要提升到战略高度,并且支持战略的落地。即使是常见的"以人为本",正确的逻辑也应该是"以战略为本,将人才作为战略执行的驱动力"。所以,人才管理的最重要准则,就是提升它与促进战略实现的关键活动之间的契合度。而且,人才管理系统要具体可操作,因其所管理的对象不是抽象的"人",而是"将人才转化为战略成功"这一过程,落脚于具体职位中的具体员工的业绩。与此同时,人才管理本身也有自己的战略,要基于组织的人才需求,不能囿于组织原有的人力资源制度流程,也就是说,所有的人才制度流程,都应该以公司战略为起点,并考虑人才需求。除此之外,需要注意的是,既然把人才当作组织的战略性资产来经营,那么经营成效与其他资产一样,其价值是由相对于获取和保留这种资产的成本所获得的收益决定的,这为组织提供了对人才管理有效性进行衡量的思路。

2. 人才管理体系化

组织要想做好人才管理工作,需要有系统思考意识,由上到下调动相关资源,打造人才能力供应链。此目的的实现不能靠某一单独举措,而是包含了一整套流程,包括(高潜力)人才识别、人才标准确定、人才评价、人才激励、人才培训与开发等多项具体的工作,以及为了完成这些工作,组织其他方面所要进行的支持与配合活动。此外涉及的人员方面,也体现出了系统化特点,从基层员工到领导者、从基层领导者到高层领导者,都纳入人才管理的范畴建立人才梯队,以期达到对组织中人的能力的可持续利用。当然,在具体的管理措施上,也不是说对所有的角色都一视同仁,会有区分。

3. 人才管理差异化

人才管理是用来驱动战略执行的。战略的目的是创造竞争优势以战略为先,就意味着承认不同职位对战略执行的贡献差别很大,相应地,员工也必须实行差异化的管理。所以,"差异化"是成功的人才管理策略的特征之一,是不可或缺的重要特征。于此,围绕能力开发,构建人才管理体系时的一大挑战,是要能分辨出哪些能力的开发需要对所有的员工一视同仁,哪些则必须根据战略进行差异化的设计。这要求企业想清楚,资源将投向何处、哪些职位、哪些人。由此企业会越来越注重公平,而非平等。

4. 人才管理的动态持续化

人才管理要跟上时代发展的敏捷思路,反应快速,效用持久,与时俱进。企业领导者除了运营之外,还应该思考如何建立一个基业长青的组织。因此,企业不仅要解决企业短期运营的领导人才短缺问题,更需建立一个可长期培养领导人才的机制,以维持组织的长期竞争优势,这也是人才管理的目的所在:打造组织中的人才能力供应链。在这个链条中,有针对现在组织所需能力的培养,也有面向未来的人才开发。比如可以通过胜任力体系建设,为发展人才在现有岗位的能力打基础,注意解决现有的人才质量问题;而人才潜能开发与能力提升,则可以聚焦人才未来担任的岗位来进行一系列的能力开发活动。整体来看,好的人才管理工作,应该打造一个人才能力生生不息、环环相扣、对需求敏捷反应的动态能力系统。

5. 人才管理的互惠化

鉴于当前组织中的年轻员工在价值观与事业观上都呈现了新的时代特点,人才管理要想做得好,有实效,组织需要将企业持续改善的经营理念与员工的个人发展联系起来,更多地尊重员工、洞悉员工的个性化需求,激发员工的责任感,向"肯定员工自我价值"转型,建立组织与员工之间相互信任、相互投资、共同受益的新雇佣关系。其实不难理解,组织的人才管理与员工的个人职业规划其实是硬币的两面,不可分割。组织与员工在人才管理中建立价值共同体,在这种联盟中,组织和员工建立的关系基于他们为对方增加价值的能力。组织告诉员工"只要你让我们的公司更有价值,我们就会让你更有价值",正如贝恩公司的首席人才官拉斯·哈吉告诉新员工和咨询师的:"我们将让你(在整个劳动力市场上)更抢手。"[①]具体来说,人才管理的目的是提高人才利用率,保证组织的人才储备,以应对未来生存和发展的需要;个人职业规划则协助员工了解自己的职业目标,并逐步去实现目标,无论是在组织内部或外部。人才管理做得到位也会帮助员工得到更多的职业发展信息,了解组织各个层级、各个职能以及岗位所需要的知识、技能和能力,也会了解到更多岗位的绩效要求,以及未来的关键成功因素。在这些信息的帮助下,个人将能更好地建立自己的职业目标,并寻找合适的培训、教育和发展机会,来不断完善自己,一步一步朝目标迈进。而人才的能力提升与进步,也会为组织的目标实现带来更大的可能性。

[①] [美]李德·霍夫曼,本·卡斯诺查,克里斯·叶著. 路蒙佳译. 联盟——互联网时代的人才变革[M]. 北京:中信出版社,2018:10.

6. 人才管理的数据化

互联网时代的典型特点就是网络化与数字化，科学技术的发展也极大地影响了人才管理的工作开展，让整个工作变得更加快捷与精确。比如说，互联网和其他数字技术的发展打破了劳动力平衡，彻底改变了整个人才搜寻和雇佣的方式，拓宽了以往依赖社会网络和社会招聘渠道的口碑传播方式。对于一些受欢迎的员工，他们面前总是有不断涌出的工作机会，这些工作机会来自多个数字渠道，如网络、移动终端和社交平台，所谓"大数据让新工作先找到你，而不是你先发现它"。[①] 而且，员工工作也突破了地域限制，不用离开家乡，也可以加入国际化公司工作，成为跨国公司的任职人员。此外，在公司内部，员工之间彼此联系也变得更加紧密，更容易理解在某个公司该做什么和做什么是值得的，以及有关公司的负面信息。

7. 人才管理的生态化

人才自主意识的崛起与事业观的改变，以及互联网技术

[①] [美]吉恩·保罗·艾森，杰西 S. 哈里奥特著. 胡明，邱黎源，徐建军译. 人力资源管理大数据：改变你吸引、猎取、培养和留住人才的方式[M]. 北京：机械工业出版社，2017：111.

发展所带来的便利,使得人才具有更大的选择权利与更加多元化的工作参与方式。在这样的情况下,组织可能会面临一种新的情况,即人才为我所用,但是不为我所有。也就是说,人才管理的对象边界将会突破组织的范围限制,超越内部员工的"池塘",去面对一个更大的、容纳外部人才的"大湖"。人才管理的定位从传统的专业管理,变成构建具有市场交易特色的人才生态圈。

第二节 "人-事-物"三要素

一个系统的有效运作会涉及多种要素,各要素之间相互匹配、相互作用,进而推动任务的完成,实现整体目标。人才管理"三能"模式的运作也是如此,其由许多相关因素集合构成,其中有一些更是发挥着关键的作用。美国管理咨询专家兰德尔·舒勒曾经描述过人才管理体系的五个关键要素,即5P模型:哲学观、政策、项目、实践和流程。其中HR哲学观是一个高级别的陈述,类似于使命或愿景;HR政策提供的是针对与人相关的计划和具体实践活动的管理规则;HR项目是以解决某个业务问题为目标而制订的具体的且需多方协作完成的行动方案,如建立一套绩效管理系统;HR实践是HR项目中的各项具体活动,如360度绩效评价是整套绩效管理系统中的一个构建;HR流程则是HR实践中所包括的各种具体要素、活动以及事务处理的组合规则①。上述5P模型,

---

① [美]布莱恩·贝克尔,马克·休斯里德著.曾佳,康至军译.重新定义人才[M].浙江:浙江人民出版社,2016:135.

对于组织的相关实践具有一定的参考价值，所以在这里简要提及，以供读者思考借鉴。但从实践落地的有效性方面来考虑，本书所介绍的"三能"人才管理系统将提出更为简要、但发挥着重要作用的三个关键要素，这其实也是一项工作或任务的顺利开展往往会涉及的三要素，即"人""事""物"。具体到"三能"人才管理系统，"人"这一要素是指的是人才管理工作的主要负责人及其角色分工；"事"这一要素，指的是人才管理对象的确定与具体分析；"物"主要指人才管理的数据化基础平台。如上三者，构成人才管理"三能"模式有效运作的关键要素。

图 2-2　人才管理"三能"模式三要素

一、"人"——管理责任人的明确

在讲到这个问题的时候，先要明确的一个观点，即人才管理需要管理者和员工的共同参与，打造人才队伍不仅仅是HR部门的职责，从推动力量上来讲，此处主要分析三类人及其所扮演的角色，包括以CEO为代表的高层管理团队、负责具体业务经营的直线管理者以及人力资源管理部门。

1. 以CEO为代表的高层管理团队

在公司经营过程中，其实任何关键的战略流程都离不开CEO的参与，人才管理系统要想有效运转与落地，绝对离不开CEO的支持，如果从人才对于企业的重要意义上来看，可以说，人才管理是以CEO为代表的高层管理团队最为重要的任务之一。

很多组织的人才管理工作做不好、做不到位，很大程度上也是因为高层支持的缺位。不少企业的老总虽然口头上说关注人才，但似乎对业绩指标的达成更感兴趣，业务压力之下，往往最先放弃的安排就是关于人才培养的活动。可以说，高级管理者对关键人才的管理不承担责任，人才管理工作就无法做好。人才管理体系的第一责任人是CEO，责无旁贷，可以说"成也 CEO,败也 CEO"。① 所以,成就卓越的 CEO 们都把人才管理以及领导力的延续当作头等大事来抓,确保自己和其他高层领导亲自参与到这一工作中来并真正投入时间和精力,有些时候甚至公司董事会也参与进来,这样会大大激励人才管理工作的相关各方。比如通用电气前 CEO 杰克·韦尔奇,把大量时间投入到接班人培养问题上。另有咨询公司光辉国际(Korn/Ferry International)的一项调查曾表明,在 2001 年,只有 33% 的董事会设立了继任管理委员会,到了 2009 年,这一比例变成了 77%。②

当然,这种参与并不是 CEO 出来动员、说几句话,然后授权别人去做剩下的事情,而是需要亲自一步步地参与到这个工作中,否则注定失败;也不能把事情授权给人力资源部门去做,因为这件事情关系到整个组织的领导力发展和各层级人才储备事宜,人力资源部门绝对无法承担起原本由 CEO 来担负的责任。在这个问题上,CEO 所能做的工作包括且不限于以下几方面:

---

① [美]威廉·罗斯维尔著.李家强,陈致中译.高效继任规划:如何建设卓越的人才梯队[M].江苏:江苏人民出版社,2013:112.
② 同上。

◆ 与董事会、主要助理以及人力资源管理负责人讨论,确定最适合本公司的人才管理系统;

◆ 确保组织每位高管都对自己部门的人才管理工作负起责任,包括授权、工作分工与任务设计等工作;

◆ 定期召开会议,与其他高管讨论他们如何进行人才管理工作;

◆ 明确自己的接班人,并确保接班人会继续支持人才管理工作。

2. 负责具体业务经营的直线管理者

基于人才对企业战略和业务发展的重要性,组织开始越来越多地要求直线管理者真正将员工视为企业的重要资产,视为部门任务完成的重要资产。直线经理是人才管理的主角,是人才管理理念与实践的一线落地者。直线经理应该深度介入人才发展策略的制定及执行过程,需要注意的是,这应该是在常规绩效管理流程之外的工作,所以需要有独立于绩效管理流程之外的时间保证。每个直线管理人员都应该承担起识别和培养自己岗位上的继任人选的责任,以免在自己晋升或是调岗以及发生其他职位变动的时候,人力资源部门一时找不到合适的人选,他们就得承担更大的工作压力。

3. 人力资源管理部门的角色与任务

HR需要真正承担起战略性的业务伙伴的角色，真正投入时间与行动实现转型。提高专业技能与可信度，比如提高胜任力模型构建与实施的有效性，引进与开发真正支持人才管理的技术平台与支持工具。最简单的一个道理是，人力资源管理部门与人员要不断提升自己的问题解决能力，真正做到懂业务对业务有帮助，提高自己对于企业经营与发展的价值。只有这样，人力资源从业人员在CEO或是与他们同级的运营部门人员面前才有坚持自己观点的底气，才能有自己的专业影响力，从而推动各级业务管理者在努力完成绩效的同时负起人才管理的责任。

二、"事"——管理对象的选择

在前文探讨人才管理"三能"模式七大理念的时候，就提到过人才差异化管理的必要性，本部分内容将对人才管理的对象具体展开探讨。从人才管理的使命来看，主要是三方面问题的解决，即开发潜能、建设能力以及提升效能，这三者对应着不同的对象群体。

1. 潜能开发的对象

对于潜能开发的问题，管理对象是包括所有员工在内的，只是对于高潜力人才有一定的侧重。因为开发潜能一般有两种情况：一种大家比较容易想到的，即组织人员可以拥有的一些能力，但目前自己还不自知，所以组织要想办法去帮助他们发现自己的潜在能力，可以通过一些开发技术来实现，比如情商开发、灵商开发以及教练技术等等，开发所有人员的潜能；而另一种情况是站在组织能力的角度来看人员的能力发挥，会发现有一部分人才能力是"沉寂"的，就像是处于"休眠"状态一般，原因在于能力的所有者——人才——没有朝着实现组织目标做事的意愿，这部分也属于组织的"潜在能力"，需要予以激活，通过价值观澄清、思维模式塑造以及组织敬业文化打造等方式来实现。这两种情况是组织中的所有人员都适用的。而对于高潜能人才的侧重，更确切地说，是挖掘高潜能人才的方法，比如通过一些测评技术和经验性的人才特征识别方法，来帮助组织识别出哪些人员是高潜能人才，进而有针对性地采取一些管理策略与措施，以期他们在组织中发挥更大的价值。

2. 可持续能力建设的对象

可持续人才能力建设的对象，主要是指组织中的核心人员，是帮助组织打造核心竞争优势的那部分人才，是需要高度聚焦的。原因在于对于影响组织成败的核心人才，组织应进行有差别的投资。那么，如何确定哪些人才是组织的核心人才？目前最常用的方式还是基于职位，即先确定哪些职位属于关键职位，然后以担任这些职位的人为管理对象，来解决组织核心人才能力的可持续发展问题。一般来说，这些关键职位在总职位中的占比约为20%—30%，对于组织关键职位的选择方法有很多种，比如根据职位空缺的后果大小来判断，或是参考组织结构图，也可以询问组织或者业内专业人士。在此介绍纽约州立大学布法罗分校管理学院人力资源教授的绩效变动性与战略影响力双因素法①，如表2-1所示。

表2-1 组织关键职位的确认方法

绩效变动性②	战略影响力	补充特征
◆ 在战略性职位上，业绩最好的员工和业绩最差的员工之间差距很大，平均水平的员工与顶级员工之间的差距也相当大	◆ 能使企业夺得目前市场上高比例的财富 ◆ 能使企业在未来市场上夺得高比例的财富	◆ 如果把顶级人才配置在该职位上，达成战略目标的可能性会大大增加 ◆ 人才难求：难以吸引和留住顶级人才

---

① [美]布莱恩·贝克尔，马克·休斯里德. 曾佳，康至军译. 重新定义人才[M]. 浙江：浙江人民出版社，2016：65.
② 绩效变动性是指特定职位上的高水平绩效与低水平绩效之间的差异幅度。

(续表)

绩效变动性	战略影响力	补充特征
◆ 随着人才重要性的增加,战略性职位上的绩效变动性会越来越大;人才对公司的战略成功越重要,员工的绩效变动就越大;因为人力资本在公司的价值创造中扮演的角色越来越重要,对这些资产进行战略性管理的重要性也在增强	◆ 对企业的品牌形象有积极的影响作用 ◆ 能为企业的资本市值增加大量的无形价值 ◆ 能增加收入或减少成本,对企业的价值创造产生显著影响 ◆ 主要存在于企业所特有的价值创造流程中、难以被他人复制 ◆ 主要存在于那些对企业创造财富的能力具有重大影响的职位中	◆ 选错人的代价很高,浪费了培训投资,更重要的是机会成本 ◆ 员工犯错可能会付出代价 ◆ 对企业的客户具有重大的战略性影响 ◆ 占企业全部职位的比重通常小于15% ◆ 不是由其在企业管理层级重的地位决定的

3. 效能提升的对象

对于人才效能提升的问题,管理对象是组织中的所有成员,因为效能提升所做的工作涉及组织整体的平台建设与资源配置。这个过程涉及组织结构与流程的优化、任务分工与团队建设、决策与权力的重新分配以及信息与资源的共享机制建立。从大的方面来讲,这些调整与完善肯定会涉及组织中的所有人员,所以效能提升的对象是组织中的所有人员,只是具体的改变和影响会有所不同,这取决于员工在组织中所处的位置、所承担的任务是怎样的。此外还有一种情况,即如果是在开放型的组织(或者平台型组织)中,人才自驱动下的职业选择与奋斗目标的差别,也会在效能提升上给他们带来不同的影响。

三、"物"——数字化平台为基

其实,人才管理系统本身并不是一个全新的概念,早在2005年,第一个人才管理系统(TMS)已然诞生,但内涵与当前所讨论的不尽相同。当时的人才管理系统,是一个人才管理自动化和改进关键重要流程的综合平台,包括招聘、绩效管理、学习和发展以及薪酬管理。同时也是一个存储各种各样员工数据的工具仓,从招聘数据、学习和领导数据、绩效和薪酬管理数据、简历档案数据到工作检索性能数据,还可以用来存储和管理社交媒体数据以及其他数字文本和人才行为数据。[1] 也就是说,该系统侧重于流程改进以及平台搭建,并没有提出以能

---

[1] [美]吉恩·保罗·艾森,杰西 S. 哈里奥特著. 胡明,邱黎源,徐建军译. 人力资源管理大数据:改变你吸引、猎取、培养和留住人才的方式[M]. 北京:机械工业出版社,2017:31.

力为核心的内在作用机制。但值得借鉴的是，这个系统体现并强调了管理自动化的特点以及基本管理数据的收集、留存与应用，强调了所有组织都急需提升人才管理的分析技能和敏锐度，因为利用先进而强大的数据分析，不仅能够跟踪、报告与人相关的数据信息，同时能为业务领导提供实时的、以数据为中心的人力决策工具（如人力规划、绩效管理和继任计划等），这一点也即为本书人才管理"三能"模式所倡导的数字化平台基础。

此外，好的管理即是科学与艺术的统一，数字化的发展就是增强管理的"科学性"特征。人力资源管理传统的遵循本能和直觉的管理特点，要慢慢被精确的数字化替代，尤其是那些基础职能，越基础越后台的部分所受数字化的影响也越深，正如谷歌HR部门的领头人拉斯洛·博克所说，"谷歌所有的人才决策都是基于数据和分析而做出的"（Sullivan, 2013）①。所以，有前瞻视野的高管必须集合人力资源管理部门的力量，借互联网优势，抓住人才管理数字化发展的良好时期。在此过程中需注意的是，既然组织要做好人才管理，就应该将目光

---

① ［美］泰瑞·贝克汉姆编．曾佳 等译．ATD：人才管理手册［M］．北京：电子工业出版社，2017：204．

放长远，循序渐进地建立数字化平台，可以考虑从利用现成的数据着手慢慢打基础，因为一开始就全面出击并试图将所有信息集成到系统中是根本无法实现的，反而很可能会导致海量的数据无目的集成，大量的信息喷涌而至，而各种不同的数据却都无法利用。同时还需意识到，任何数据的集成与管理都具有一定的困难，但其实影响更大的是伴随数据化而来的对人的管理观念与行为改变的诉求。简单来讲，就是有了数据是否会去使用。很多时候，企业即使拥有最好的分析工具，但是却无人使用，因为让人们去改变固有的凭直觉判断的方法是非常困难的。尤其是对于高层，这意味着它们必须有能力（或意愿）去学习新的方法和思维方式。根据分析结果来制订决策的管理者使他们的组织有机会取得长期成功，最重要的分析技能与决策相关，而非电子表格。

第三节　三大作用机制

人才管理的价值与意义在于打造组织人才能力供应链。在打造能力供应链之前，首先需要对组织的人才能力进行分析，从个人能力状态与组织需求两个维度来看。其中个人能力状态的描述，从如下三个方面做关键词标记：第一个是个人对于某项能力的自我认知，若个人知道自己具备该项能力或者知道自己应该具备该项能力，标记为"自知"，若个人不知道自己具有或应该具有某项能力，标记为"不自知"；第二个是对个人是否拥有该项能力的描述，若自身拥有，则为"已有"，反之为"未有"；第三个是形容个人是否在组织中应用了自己的该项能力，应用则标记为"已用"，反之为"未用"。如上为个人能力状态的划分。另外一个维度是组织需求，划分为"现在需要"和"未来需要"两种状态。基于个人能力状态与组织需求这两个维度分析组织的人才能力，对组织人才能力如何管理进行分析，可得表 2-2。

表 2-2　组织人才能力管理的着手点

个人能力状态	组织现在需要	组织未来需要
自知,已有,已用	激励;赋能(提升效能)	激励;赋能(提升效能)
自知,已有,未用	激励;赋能(提升效能)	激励;赋能(提升效能)
不自知,已有,未用	释能(潜能开发)	释能(潜能开发)
自知,未有,未用	建能(个人提升;组织培训)	建能(个人提升;组织开发)
不自知,未有,未用	建能(组织培训)	建能(组织开发)

如表 2-2 所示,组织人才能力供应链打造的关键词是"释能""建能"与"赋能",这三个词也正式体现了人才管理体系发挥作用的内在机理,即如下三个方面:第一,识别高潜力人才,激活组织现有的人才能力,谓之"释能";第二,提升组织内核心人才的胜任能力,谓之"建能";第三,提高组织人才效能,谓之"赋能"。三大作用机制相互呼应,以组织人才能力为目标,基于现实,盘活存量,基于未来,构建增量,并提高整体人员效能,让人才能力真正成为组织竞争力的源泉(图 2-3)。

一、释能:多元驱动的潜能开发

人才管理"三能"模式的第一个作用机制是针对人才潜能。"潜能"就是人才具有但尚未表现出来的能力。其实,每

图 2-3　人才管理"三能"模式的作用机制

个企业都有我们难以估量的"潜能"。这里的"潜能"可以说有两方面含义：第一个方面是指员工的"未出力"，侧重于指员工本身具有的，但由于个体意愿方面的原因，不愿意付诸工作任务的那部分能力，是一个员工"愿不愿意"的问题；第二个方面是指员工具有某方面能力，但是由于外在环境或者工作任务等方面的原因，难以得到激发，无法发挥应有的价值，往小了说，这种潜能是被员工压抑的"能力"和"意愿"；往大了说，这种潜能是员工可以盘活的一切资源。员工的潜能开发集可能性、倾向性与能动性于一体，组织要充分重视组织人才"潜能"的作用，不能让潜能开发陷入困境，否则会造成极大的人力资源浪费。从员工的角度来看，潜能也是一个不断发展的过程，可以说人的一生都在挖掘自己的潜能，人类的发展就是对自己潜能不断进行挖掘的过程，这是员工潜能挖掘的自我驱动。对此，组织所面对的问题是如何让员工的潜能挖掘与组织所需要的能力合二为一，使员工愿意在组织的环境中，为了工作目标与价值实现发挥出自己的潜能。

不过，虽然说"释能"的关键在于激发人才的内在动机，以充分发挥人才个体的内在价值，但需要注意的是，人才管理模式中的"释能"，是站在组织人才能力的角度看问题的，其包含员工个体层面的能力，但同时也超越了员工个体层面，是个体"释能"与组织层面"释能"的双向结合。所以，在整个管理过程中既包括了个人层面的员工潜能管理，也包括组织角度的全员潜能开发。由此，在人才管理"三能"模式中，组织"释能"的路径可以概括为如下两条：

第一条路径：文化与使命驱动和组织平台与管理机制驱动。国外希洛塔咨询公司从公司利益角度出发从事员工研究40多年，在新员工聘用方面发现了一些出人意料的现象[①]：其

[①] ［美］吉恩·保罗·艾森、杰西 S. 哈里奥特著. 胡明，邱黎源，徐建军译. 人力资源管理大数据：改变你吸引、猎取、培养和留住人才的方式[M]. 北京：机械工业出版社，2017：175.

中对组织来说较好的调查结果是大约90%的新员工在刚开始都是积极主动投入工作的,但跟踪一段时间发现,情况出现了变化,大约在前六个月的工作中,新员工敬业度水平显著下降,幅度高达20%。同时发现,只有10%的公司能够在第一年成功保持较为积极的员工敬业度水平。这意味着在大多数公司,员工初到公司时的正能量和工作热情,会在六个月内逐渐消失。所以,组织可持续发展的核心是激发人才:通过文化与使命驱动,激发人的主人翁感,激发人内在成长的驱动力,激发人担当责任而获得成就;同时,组织通过平台与管理机制的优化,吸引人才、为人才潜能开发创造更好的条件与基础,以提升和保持员工敬业度,这些是组织可持续发展的本源所在。第二条路径:个人价值、利益与目标驱动。组织需要通过提升人才发展目标与组织目标的一致性,来驱动人才积极、主动地开发潜能,发挥自身价值。该路径的个性化色彩较浓,所以更为关注人才之间的潜能大小差别,组织对于高潜能人才应更为关注和重视,因为相对于低潜力人员,高潜力人员的开发价值更高。基于这两条路径,释能作用的有效发挥要注意以下三方面问题,也可以看作是工作思路。

1. 尊重人才

组织与人才之间的信任往往建立在互相尊重的基础上。尤其是互联网时代的知识型员工，其自主意识崛起下的事业观，使其对工作赋予了更多的个人价值与意义，甚至有的人才与组织之间，已经不是传统的附属关系，而是转为合作关系，这些都使得个人与组织之间的关系变得更为平等。组织要想赢得人才，就必须要有尊重人才的意识，而对人才最大的尊重就是尊重其价值，从而建立组织与人才的价值共同体。海尔集团张瑞敏也曾说过，"文化不同是伪命题"，背后所指的文化相同点主要就是指对人的尊重。中国人和外国人都是人，都希望得到尊严，尊严来自自己的价值，我们要搭建一个平台让人发挥出价值。有人过度强调"90后"群体拥有不同的文化，但实际上"90后"的"出位"和"不服从"，也是为了寻找自己的尊严。

2. 协调价值观

组织要建立员工的价值共同体，人力资源管理部门及从业者就要成为组织的价值担当，通过整体策略与具体措施让组织目标与企业人才所关心、追求和重视的事情相匹配，其核心就在于协调二者的价值观。所谓知己知彼才能百战百胜,价值观协调需从两方面努力以找到二者的共同点予以融合:首先是组织必须要确定和传播公司的使命和价值观,即公司的价值观念要明确,并以员工能够理解的方式清晰地表达和传播出来,让员工知晓并理解,在此基础上才能谈与组织价值观是否一致的问题;其次是了解每位员工的价值观,公司主动知晓组织人才的价值观是建立相互信任关系的关键步骤,但现实中这样做的组织甚少,大多数企业还是致力于推行组织价值观,急于让员工予以接受,很少去听一听人才的内心所想,去探究人才的价值观,尤其是对于那些关键人才,价值观协调不可少的一步,就是需要了解这些人才是怎么想的。

那么,如何了解人才的价值观呢,此处介绍一种可借鉴的方法,该方法由 Career Engagement Group 的管理专家安妮·富尔顿所提出,在实践中得到了很好的认可,分为三步:第一步是让员工写下三个他最敬佩的人的名字,第二步是让员工在每个名字后面列出三种他最钦佩的品质,第三步是根据重要性对这九种品质进行排序。由此,通过这三个步骤组织将员工的价值观从隐形暗示转变为明确观点,得以一对一地确定核心人才的价值观。① 最后是协调人才与组织的价值观,这个过程可能很漫长,需要在一系列的沟通中建立信任,尤其是可以结合具体的关键任务事件与核心人才做沟通。为了更好地予以推进和落实,企业可以尝试将价值观像考核指标一样进行层层分解,比如让各部门或者任务团队基于组织整体价值观,具体拟定本部门或团队的细分价值观,以便将价值观落于实处。

协调价值观是一个重要且具有挑战的任务,之所以还要这么做,是因为组织与人才之间其实是具有天然的目标一致性的,尤其是对于高潜力员工,双方都是追求发展和持续进步的。公司希望推出新产品和新服务,增加市场份额,拓展新市场……;而员工希望提高能力、承担新责任,获得更多收入,实现个人价值……所以基于组织和员工共同目标下的价值观协调,是具有很大可行性的。

3. 设计平台

此处的平台设计,主要指激励平台的设计,是超越了组织传统的单一激励措施设计拔高到组织的层面,提出平台型组

---

① [美]里德·霍夫曼,本·卡斯诺查,克里斯·叶著.路蒙佳译.联盟——互联网时代的人才变革[M].北京:中信出版社,2018:70.

织的激励逻辑。该逻辑的核心是打造"组织-人"的利益联结机制：一来是因为组织中的人才不会无缘无故自带动力地去为组织创造用户价值；二来是当组织面对当前复杂的用户需求时，内外资源必须以价值创造为中心予以集合，更高效和准确地提出问题解决方案，为此用户需要与组织资源以最合适的方式实现对接。基于这两点，组织能够意识到，组织中的人才是联结用户需求与组织资源的中心，也是所有其他资源得以流转的中心，而且，高潜力人才本身也需要被置于这样重要的位置上，组织才能更好地唤起其内驱力。所以，设计平台就是设计以人才能力为中心的联结机制，通过激活和开发人才潜能，实现用户需求与组织资源的完美对接。这一内涵，正如管理学者穆胜通过研究所提出的"激励相容"机制①，即组织中的各方利益一致，让员工放弃与上级博弈，转而与市场博弈，让员工承担市场的风险，并享受市场的收益。实践中比如海尔的激励机制就是这样重新设计的，他们将过往的"串联"改成当下的"并联"，将所有的价值创造模块都并联到一起，组织中的人才共同面对用户，对于

---

① 穆胜.释放潜能：平台型组织的进化路线图[M].北京：人民邮电出版社，2018：84.

产品和服务,用户付钱,大家一起分,用户不付钱,大家一起亏,重新设计了激励平台。

二、建能:可持续胜任能力提升

人才管理"三能"模式中"建能"的作用是帮助组织明确人才能力需求并予以解决,包括组织当前能力需求与未来发展能力需求,解决方案侧重于内部人才的培养与发展。在管理对象上,主要聚焦核心人才与关键人才,体现人才管理系统的战略化与差异化特点。主要工作围绕两方面展开:一是组织核心人才的胜任力模型构建;二是进行组织人才盘点工作,及时了解组织人才存量与缺口并采取弥补与提升措施。通过两方面工作,最终实现组织人才的可持续发展,打造组织内生能力供应链。那么,如何可持续提升组织人才的胜任能力?组织需要思考如下具体问题:要打造所需的组织能力,公司具体需要怎样的人才?这些人才必须具备什么能力与特质?公司目前是否有这样的人才储备?主要差距在哪里?如何培养和开发组织所需要的关键人才(继任者)?为了解决这问题,组织需做好如下工作。

1. 胜任力模型构建

什么是公司所需要的人才？这是必须回答的第一个问题，对于大多数公司来说可以借助胜任力模型来解决。胜任力模型是指为了完成某项工作或达成某一绩效指标，要求任职者具备的一系列不同胜任力要素的组合，其中包括不同的动机表现、个性与品质要求、自我形象与社会角色特征以及知识与技能水平。胜任力模型通常由四至六项胜任力要素构成，体现的是完成工作需要的关键知识、技能与个性特征以及对于工作绩效与获得工作成功具有最直接影响的行为。① 胜任力模型的建立已经有太多的管理研究与实践经验，在此，本书从人才管理的实际效用出发，提出构建过程中的一些要点：

（1）除了专业胜任力之外，也要关注人才价值观念或者是道德伦理观念。

（2）要区分专业能力与企业通用能力，这是对第一点的具体补充。专业能力是指员工从事的具体职能和工作相关的知识及技能，直接影响员工能否完成岗位的工作要求；而企业通

---

① Anntoinette D. Lucia and Richard Lepsinger. The Art and Science of Competency Models: Pinpointing Critical Success Factors [J]. Personnel Psychology. 2000,53(2):509-512.

用能力主要是指那些与企业核心价值观和企业文化等相匹配的能力。很多时候面对人才，组织往往会偏重专业能力，忽视了企业通用能力，但其实二者同样重要。只有认同组织价值观与组织文化的专业人才，才能够真正在组织愉悦地工作，将精力和心思集中在价值创造上，获得持续的满足感，否则，早晚会由于价值观的不同，而发生人才流失或者效能降低的结果。

（3）对比现有能力，组织更要关注人才的未来能力。组织胜任力模型不是一成不变的，其构建需要与战略方向和组织能力紧密联系。用著名的通用电气公司举个例子，在以不同领导人为核心的发展阶段，其对人才的能力要求是有变化的，比如领导能力模型在杰克·韦尔奇时代（靠并购实现成长）的能力要项包括：愿景、客户/质量至上、诚信、责任心/投入、沟通/影响、共同承担/无边界、团队建设者/授权、知识/专业技能/智慧、主动/速度以及全球化思维方式；而到了杰夫·伊梅尔特时代（靠创新和创业精神驱动的内部成长来发展）则调整为：市场和外部导向、清晰战略思考、想象力与勇气、吸纳和网罗人才以及专业技能。①

---

① 白洁，彭婷，张文东著.通用电气，用梦想启动未来[M].北京：机械工业出版社，2010：124.

2. 组织人才盘点

企业目前拥有多少人才？若想实现组织的战略目标，这些人才在数量上是否足够，在质量上的主要差距在哪里？这是组织提升可持续能力所必须回答的第二个问题，对此组织可通过人才的盘点工作予以解决。所谓人才盘点，就是以组织中的人为核心，把人在工作中的行为与工作结果联系起来，结合组织发展的需求，对组织结构和人才进行系统管理的一种流程。在此过程中，公司各级管理者要对组织架构、人员配比、人才绩效、关键岗位的继任计划、关键人才发展、关键岗位的招聘，以及关键人才的晋升和激励进行深入讨论，并制订详细的组织行动计划，确保组织有正确的结构和出色的人才，以落实组织业务战略，实现可持续成长，这一过程让管理者亲自参与到人才培养中来。[①]

3. 继任者培养

人才能力的可持续发展，不仅要关注实际业务问题的解决，更要关注组织更加长远的发展，为构建强有力的组织人才梯队而努力，增强组织自己的"造血能力"，这一点尤其体现在

---

① 赵实，李常仓著.人才盘点：创建人才驱动型组织[M].北京：机械工业出版社，2012：168.

组织各层级岗位的继任者培养上,尤其是关键岗位的继任者培养,更是组织可持续能力打造的重中之重。由此,要求组织一定要有自主培养继任者的意识,要将培养后备人才作为各层级管理人员的重要工作,避免关键人才的断层和长期缺位。这一点其实早在亨利·法约尔有关管理的14点经典论述中就有所说明,其指出管理者具有保证"人员任期稳定"的责任,因为倘若这一需求被组织忽视,关键岗位将被不称职人员所占据,这会给组织带来非常不利的影响。继任者的培养与开发就是一个帮助稳定人员任期的过程,通过对关键人员的预期开发与布局,打造组织内生人才供应链。具体如何落实,强调如下三个方面。

(1)高层领导在理念上的引领。企业管理中,具有战略性要义的管理措施落地都离不开高层管理人员的承诺与参与,继任者培养的工作也是如此。高管是否真正对此赋予重视且自上而下传递到组织各层级,是该项措施能否得以成功的关键所在。管理者的重视不能仅停留在口头上,下发几个文件开几个会倡议一下是远远不够的,而是要真正投入自己的时间并切实配置资源,上行下效,只有高管做到位了,才能带动整个组织各层级管理者实际付出努力,将工作落于实处。

具体做法可以基于组织战略并结合个人经验,比如来自国内企业的实例①:联想柳传志的"搭班子、定战略、带队伍",已经成为联想文化的一部分,联想的高级主管将30%的时间用于人才管理,利用"咖啡会""午餐会"等途径更多地了解员工,日常工作中的沟通和个人发展计划的制订,为员工的成长提出建议;同时还往往担任公司的内部讲师,分享自己在企业管理和个人成长方面的经验。在阿里巴巴,马云把"提升人才能力"当作公司的三大重要任务之一,他相信人是最重要的,钱是其次的,让大家关注自己的人要超过关注外面的人,因为最好的人才都是自己培养出来的。他了解在互联网这一新兴行业的运营需要创业型人才,明确地提出公司所需要的人才除了专业能力,还必须具备卓越的创业精神、创新能力和服务水平。三一重工也非常注重对高潜力员工的培训,提出"领导发展领导"的理念,从制度上明确将后备干部培养纳入各级领导干部的考核,没有合格后备干部的管理者不予提拔。公司董事长梁稳根更是每个月雷打不动抽出一两天时间与由人力资源部推荐的晋升人才交流谈话。

---

① 杨国安著.组织能力的杨三角:企业持续成的秘诀[M].北京:机械工业出版社,2016:47.

(2）各层级领导者的时间与精力投入。不仅是高管人员需要投入资源与精力，继任者培养离不开各层级管理者的实际推动。具体工作可以是呼应组织要求，在人力资源管理部门的专业知识辅助下，制定本部门人才培养规划、做好人才评估与选拔工作，担任人才培养导师或者是参与企业内的公开授课，担任讲师或互动嘉宾。对此，我们也引用国内企业的一些高层领导主打的参与实践的案例予以说明①：比如在万科，所有高级主管都需要开发课程和授课，并依据他们上课的质（学员的评分）和量（授课的小时数）评为不同星级的讲师，总裁郁亮和执行副总裁解冻皆被评为五星级讲师。又比如，京东刘强东对管培生项目的关注度远远超出了一般企业的领导，除了亲自参加课程开发和参与授课之外，也会抽出大量时间与管培生谈心交流，甚至亲自带领管培生在实际工作中摸爬滚打。还有比亚迪的王传福，每月抽出三天时间担任讲师，讲授战略和思路以及如何做领导，并把以前的错误和经验告诉后来的人。在他的带动下，公司的其他主管也积极参与授课，形成了培养人才的良好氛围。

---

① 杨国安著.组织能力的杨三角:企业持续成的秘诀[M].北京:机械工业出版社,2016:49.

(3)建立工作衡量的指标体系。除了理念倡导与具体的工作投入之外,组织还可以通过建立可量化的评估体系,来推动各级主管提高对人才培养的重视,在日常的、实时的工作上予以引导,也就是强调管理者日常对人才培养起到的作用,以切实贯彻执行人才培养的各项措施,可以通过建立一些对应的绩效指标来实现。比如:关键人才留任率、关键岗位内部晋升与外聘比例、平级人才输送数量、关键人才培养完成数量等,具体可根据组织和部门的实际情况予以调整。

三、赋能:人才效能提升与保障

人才管理"三能"模式的第三个作用机制围绕"赋能"展开,为员工在组织中"能干"工作创造条件及提供保障。"赋能"是针对组织整体人员效能提升而做的工作,人还是原来的人,但可以通过流程设计、权力赋予以及资源配置上的优化,来提高组织人才效能。尤其是在互联网时代的服务导向型经济体中,人力资源可以说是最有价值的战略资产,想让人发挥应有的价值,就必须对这一问题进行思考,这也是组织"赋能"机制所探究的一系列议题:组织流程是否可以优化?是否已将合适的人才放在了最合适他的岗位上?任务的组织方式是否高效？面对客户的一线员工是否拥有及时解决客户问题的权限与资源？组织整体效能的提升，是否具有资源平台的支持？赋能机制作用的发挥，就围绕这些问题的解决而展开，需要做好以下工作。

1. 组织设计与流程优化

组织中的人才能力，除了考虑如何激发和构建之外，还需要考虑组织中是否存在抑制人才能力的因素，就像是一个蓄水池，当想办法开源的时候，也得关注节流的问题。也就是说，组织一方面需要采取措施降低人才能力的内耗，另一方面，需要顺势而为根据大环境的发展与时俱进。本书所提人才管理模式的匹配措施诉求主要聚焦于后者。互联网时代大环境发展给组织与人所带来的影响，会给"人-组织"的关系构建带来更多的可能，内在的权责利关系也会有更多样的呈现形式，不免会要求对组织结构与业务流程以更适合的方式予以设计，比如很多企业所存在的不必要的垂直边界需要取消，组织可以变得更加开放与扁平化，部门之间的合作壁垒可以考虑通过团队这种更为灵活的方式来消除，员工与组织之间的传统附属关系会被更为平等的合作关系代替，通过"人企联盟"的形式实现人才与组织的价值创造与价值共享。

2. 资源的有效配置

资源配置的有效性需要从效果与效率两方面双重考虑，对组织而言，我们可以简化将这一问题看作资源成本与问题解决成效之间的关系探讨，高效的资源配置能够帮助组织在问题解决或价值创造上付出的成本最小，或者是相同成本带来最大的收益。这一切在于，组织面对问题能够抓住本质，并且将资源集中到真正需要资源的地方。鉴于人的价值提升，组织的资源要集中到切实解决问题的人才的手里，集中到打造企业核心竞争优势、帮助企业实现价值创造的人才手中。这些人才可以是直接面对用户需求的第一线员工，可以是高潜力人员，也可以是某个任务团队；而资源可以是有形的物质条件支持，也可以是无形的权限赋予。

3. 共享平台的构建

我们一直在强调新时代人的能力与价值的提升，甚至逐渐超越了组织本身，这让我们不禁去想在这种趋势下，组织的存在意义又是什么呢？其实人才管理"三能"模式对于赋能机制的探讨，就是对此问题的思考，所采取的管理措施体现了组织为人才能力的价值发挥在添砖加瓦。不同的是，前述组织设计、流程与资源配置，是组织对于问题解决的"定向"扶持，而此处的共享平台构建,则有些基建味道,是创造一个环境、提供一个平台,让人才在这个环境中自取所需要的支持,并自觉或不自觉地被这个环境所影响或同化。比如信息共享平台,有助于人才与组织之间信任关系的建立,促使人才个人目标与组织目标更趋于一致;又比如资源共享平台,充分尊重人才的主观能动性,让他们有机会在组织内部取得优于外部的资源支持,增强对人才的吸引力。

人才管理"三能"模式的效用发挥需要落地支持,本书接下来的章节将围绕上述三大作用机制,来阐述其发挥作用的工作重点与具体的方法技术。

国内部分企业的人才管理实践亮点

> 近年来,人才管理在我国管理实践领域中受到越来越多的关注,北森人才管理研究院曾举行过一场"中国人才管理典范企业"的评比会,根据企业在人才管理各维度的综合表现,该研究院从4 000多家中国企业中评选出20余家年度人才管理典范企业,包括京东、碧桂园、达能、广发银行、广汽丰田、海航、红牛、华晨研究院、九阳、绿地、南充商行、蒙牛、瑞华会计、首创置业、通联支付、万科、兴业证券、吉利控股集团、中兴通讯、周大福等多家企业。鉴于篇幅所限,在此

"三能"模式：打造组织人才能力供应链

我们选择一些企业的人才管理实践获评亮点呈现给读者(表2-3)：

表2-3 人才管理实践获评亮点

序号	实践主题	成就亮点
1	京东破局电商行业人才匮乏处境	面对几百万专业人才缺口，京东用人才盘点和管培生项目顺利构建了内外部人才供应链
2	首创置业的高端人才黏性管理	首创置业在内部推行"项目跟投"机制并建立人才库，锁定、聚拢并培养高端人才
3	达能集团的人才潜能开发管理	在每年的校招中，管培生和生力军项目双管齐下，达能高效地挑选出了最具潜力且符合企业价值观的应届毕业生
4	蒙牛企业的胜任力评估	蒙牛校招结合北斗七星领导力，设计了胜任力测评，邀请入围学生参观总部并讨论课题，以此评估学生
5	瑞华会计师事务所的人才库建设及应用	中国企业人才库的利用率仅0.3%，而瑞华的人才库利用率高达10%，以此迅速聚拢了行业高级人才
6	海航集团的人才继任计划	自2009年至今，海航HPT（high potential talents，高潜质人才）项目已举办6期，培养了近120位高层管理干部，他们已渗透到经营管理团队中
7	吉利集团的人才分层分类管理	吉利控股集团通过GM1000、"航计划"、"V航计划"等项目，形成了分层人才培养体系，打造了"人才森林"

(续表)

序号	实践主题	成就亮点
8	绿地控股集团的人才盘点项目	绿地香港"沙场点将"人才盘点项目,为其制定人才培养计划、搭建人才梯队提供了决策依据
9	周大福珠宝金行公司的人才盘点系统	周大福在高层和业务部门的参与下,建立了素质模型和人才盘点及培养体系,为继任计划提供了决策支持
10	九阳公司的人才内部培养工作	九阳在快速扩张的过程中,凭借完善的人才发展与培养体系,90%的各级管理人员都是内部培养起来的

(资料来源:北京北森云计算股份有限公司官方博客内容,查询网址:http://blog.sina.com.cn/s/blog_548c47b80102wqrv.html,查询时间:2018年9月13日11:48,编写有改动。)

结合案例资料,思考如下问题:

1. 请应用人才管理"三能"模式,分析上述我国企业人才管理实践的意义与价值。

2. 请基于人才管理"三能"模式,思考我国企业人才管理实践的发展方向与要点。

第三章 人才潜能开发方法与技术

本章聚焦释能机制的作用发挥,阐述组织人才潜能开发的途径与方法。基于人才管理"三能"模式提出的潜能内涵及释能关键,本章基本逻辑围绕两大问题展开:其一是针对人才的潜能开发,其二是提供高潜力人才的辨别方法。其中,人才的潜能开发又分为组织层面的潜能开发(包括组织价值观的明确及落地、员工思维塑造及敬业文化打造)与个人层面的员工潜能开发方法(包括情商开发、灵商开发与教练技术),而高潜力人才的辨别方法将从主观特征识别的探讨与客观测评工具的介绍两方面展开。

知识重点

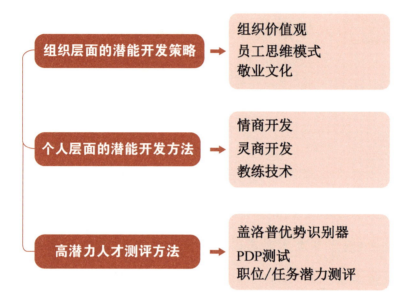

第一节 组织层面的员工潜能开发策略

组织层面的潜能开发工作,其实属于以全体人员为对象的价值观与文化管理范畴,核心在于通过统一价值观明确与思维方式塑造,使企业员工从"不愿意做"走向"愿意做",以开发人才潜能,提高全体人员实现组织目标的能力。本节内容从三个方面展开:首先,从组织角度来看,组织要向员工明确其所倡导的价值观与价值理念,在此基础上做好落地的配套管理措施;其次,组织价值观明确之后需要落地,即将视角转向组织人员,着手打造或重塑员工的思维,以尽快与组织价值观相匹配;最后,是从整体氛围营造的角度,通过建立和巩固一种敬业文化,以夯实并借助员工敬业度指标来衡量价值观与思维塑造成果。这三个方面逐步推进,增强企业人才与组织的向心力,使员工更愿意、更主动地为组织目标和个人价值的实现而努力,让人才在组织中"愿意干",开发人才潜力。

一、组织价值观的明确及落地

价值观是对善恶的判断,在某一企业的文化中,价值观描述该企业的善恶标准。组织价值观澄清指的是在组织中,企业决定哪些价值观更加重要、哪些东西更加重要的过程。价值观与伦理又不同,价值观是指好坏标准,伦理在此基础上增加了一个对错的道德维度。

移动互联时代,价值观对组织而言更加重要,因为很多组织的核心人力资源构成发生了变化,现在很少有哪家公司只凭借人海战术就能成功了，企业竞争更像是精锐特种部队作战，关键所需是精英和核心人才，而精英与核心人才的管理需要企业具备更强大的吸引力与号召力。这就要求组织须具有高的人才标准和严的筛选流程，并且为了将这些精英留住，要建立富有激情的使命和共同价值观以激励和影响这些员工；不仅依靠规章制度影响他们的行为，而且要做到利益共享，员工能与企业一起成长和分享成功。这一切的根源和基础是组织与人员的价值观需要一致，甚至可以说价值观是在胜任力之上将员工绩效表现区分开来的又一维度，组织通过确定并描述所需的价值观，对员工进行相应的评估，而不限于对能力的评估。

那么，如何发挥价值观在组织中的重要作用？简单来说企业需要做到两点：第一点，明确组织的价值观念；第二点，做好价值观落地的配套管理工作。此外，这两点间的关系我们需要多说几句：虽然一般意义上第一点发生于第二点之前，组织往往在明确价值观的基础上采取配套措施，但事实上很多时候，配套管理措施中所传递的理念，才体现了真正的组织价值观。借用一句话说即为"行动大于语言"，价值观不是挂在公司主页上或者办公场所的几句口号，价值观唯一的、最具有说服力的体现是组织的真实作为。多数成功的企业都是那些将价值观真正落于实处的组织,组织价值观真正明确并深入人心。

1. 组织价值观的明确

此处的价值观明确主要是针对组织员工群体的价值观明确,是让组织的价值观走进所有员工的心中,深入组织各个层级,让价值观不再仅是企业创始人或者高管团队在公开场合宣称的说辞。之所以这样做是因为很多时候,组织高管倡导的是一套价值观,但是在员工心目中和实践中其印象深刻的却是另外一套做事准则,导致组织价值观未必与员工所认可的完全一致,所以我们才提出组织价值观明确的必要。

那么,如何向员工明确组织价值观?这个过程需要管理者们共同努力,承担各自的不同职责,扮演不一样的角色。对于高层领导者而言,他们要负责组织核心价值观的建立,通过价值观表达用户及股东对于组织各个职位的战略期望,让员工了解其所处职位的特点,激发他们朝这个方向想和做。尤其是在当下的互联网时代更是如此,外部环境所具有的不确定性使组织人员接受了太多的信息,员工价值观也呈多元化特点,外部环境的多变与复杂,组织人员的多样化与多元化,都要求领导者具备更为坚定的信念和明确的价值判断。对于组织其他各层级管理者和人力资源管理部门的从业者们而言，他们主要扮演一个以身作则的"宣传员"角色，因为高层确立价值观之后，需要让其传遍整个组织，包括最基层人员，他们可以借助会议、绩效沟通等多种正式或非正式的方式来传播组织的价值观，向他们灌输坚定的信念，燃起员工的激情。其中直线管理者所扮演的角色要比 HR 们更重要，他们需要要求员工们能够理解企业的现状、发展方向以及在发展过程中他们各自的角色。更为重要的是，管理者要用实际行动展现组织号召的价值观念，在工作中言行一致，让价值观在实践中予以具化，真正传播组织的价值观能量，唤醒每一位员工的价值。

明确价值观的实践在企业中不乏实例[1]，比如海底捞的董事长张勇，年轻时读过卢梭《社会契约论》等书，平等和自由的观念早已在他心里留下了深深的烙印，张勇一直坚信"平等的意识将激发员工更大的工作热情，把海底捞当作自己的事业来做"；又比如京东集团的价值观与文化管理，也很值得借鉴，其所面对的情况是随着企业的快速发展和团队的迅速壮大，组织价值观开始出现被稀释的问题。对此，京东针对自己

---

[1] 杨国安.组织能力的杨三角:企业持续成的秘诀[M].北京:机械工业出版社,2016:87.

的二元人才结构,创新性地提出了不同的价值观,即对于80%、90%来自农村的物流人员,京东核心价值观是希望他们能够"活得有尊严",而对于总部的研发人员和管理人员,京东则是希望他们能够"活得有价值、有责任",除此之外京东还举办了大量的文化 workshop,公司高管们也成了价值观与企业文化培训的宣讲大使。还有著名的公司阿里巴巴,提出了自己的核心价值观——"六脉神剑",而且还设置了一个"政委"的角色,其实就是人力资源部中的 business partner 角色,主要职责是确保阿里巴巴价值观落地,与业务主管关注业绩之间保持一个平衡。内容如表3-1所示。

表3-1　阿里巴巴的六脉神剑[①]

六脉神剑	客户第一	● 客户是衣食父母 • 尊重他人,随时随地维护阿里巴巴形象 • 微笑面对投诉和受到的委屈,积极主动地在工作中为客户解决问题 • 与客户交流过程中,即使不是自己的责任,也不推诿 • 站在客户的立场思考问题,在坚持原则的基础上,最终达到客户和公司都满意 • 具有超前服务意识,防患于未然

---

① 温佳慧.企业文化个案研究——以阿里巴巴为例[J].科技信息,2008(1):182.

(续表)

六脉神剑	团队合作	● 共享共担,平凡人做非凡事 · 积极融入团队,乐于接受同事的帮助,配合团队完成工作 · 决策前积极发表建设性意见,充分参与团队讨论;决策后,无论个人是否有异议,必须从言行上完全予以支持 · 积极主动分享业务知识和经验;主动给予同事必要的帮助;善于利用团队的力量解决问题和困难 · 善于和不同类型的同事合作,不将个人喜好带入工作,充分体现"对事不对人"的原则 · 有主人翁意识,积极正面地影响团队,改善团队士气和氛围
	拥抱变化	● 迎接变化,勇于创新 · 适应公司的日常变化,不抱怨 · 面对变化,理性对待,充分沟通,诚意配合 · 对变化产生的困难和挫折,能自我调整,并正面影响和带动同事 · 在工作中有前瞻意识,建立新方法、新思路 · 创造变化,并带来绩效突破性地提高
	诚信	● 诚实正直,言出必践 · 诚实正直,言行一致,不受利益和压力的影响 · 通过正确的渠道和流程,准确表达自己的观点;表达批评意见的同时能提出相应建议,直言有讳 · 不传播未经证实的消息,不背后不负责任地议论事和人,并能正面引导 · 勇于承认错误,敢于承担责任;客观反映问题,对损害公司利益的不诚信行为严厉制止 · 能持续一贯地执行以上标准

(续表)

六脉神剑	激情	● 乐观向上,永不言弃 • 喜欢自己的工作,认同阿里巴巴企业文化 • 热爱阿里巴巴,顾全大局,不计较个人得失 • 以积极乐观的心态面对日常工作,不断自我激励,努力提升业绩 • 碰到困难和挫折的时候永不放弃,不断寻求突破,并获得成功 • 不断设定更高的目标,今天的最好表现是明天的最低要求
	敬业	● 专业执着,精益求精 • 上班时间只做与工作有关的事情;没有因工作失职而造成的重复错误 • 今天的事不推到明天,遵循必要的工作流程 • 持续学习,自我完善,做事情充分体现以结果为导向 • 能根据轻重缓急来正确安排工作优先级,做正确的事 • 遵循但不拘泥于工作流程,化繁为简,用较小的投入获得较大的工作成果

2. 价值观落地的配套

为了真正让组织的价值观发挥指导作用,企业还需要做很多工作。因为在当前的社会环境中,人们的价值观其实很混乱,尤其是互联网一代,我们称为"80后""90后"的,价值观差异非常大,价值观的多元应该说是很大的挑战。所以,组织想单方面影响人们的价值观实际上是很难的。那如何让组织价值观落地呢?此处提出两个关键点:第一个是目标一致,想办法让组织与员工的利益真正相统一；第二个是强调员工自身的价值创造与价值实现。在这个问题上，海尔集团的张瑞敏先生有过来自实践经验的阐述，他认为："大公司干不好，主要的原因就是所有的员工都和管理者博弈。那么价值观需要怎么改？改成什么？一是要求在风投进来之后，你必须跟投，把身家性命押上，这样就必须要努力往前走。像诺贝尔经济学奖获得者弗里德曼说的，拿公司的钱干公司的事，肯定是没有效率的。为什么不能改成拿自己的钱干公司、个人都得利的事？二是你一定要体现自身的价值，在为用户创造价值的同时体现你自身的价值，而不是过去那一种价值观。过去是'我非常有能力完成上级指令'，现在是'展示自身价值就要创造用户价值'。"[1]

那具体要如何去做呢？组织可以从如下几方面着手推动落地：在确定高潜力员工或其他类型员工的岗位或能力标准的时候，加入组织价值观的要求考虑；在绩效管理过程中，强化对于价值观认同与对应行为的考量和引导，比如设立符合组织价值观独特要求的360评估方式等；向员工传递具体工作期

---

[1] 陈春花著.激活个体[M].北京：机械工业出版社，2016：附录.

望的时候,强化价值观的比重等。比如阿里巴巴,直接基于组织价值观确定企业用人观,将业绩与价值观作为考核的两大维度,通过考核将员工分成三种:一是有业绩,但价值观不符合的,被称为"野狗";二是事事老好人,但没有业绩的,被称为"小白兔";三是有业绩,也有团队精神的,被称为"猎犬"。[①] 阿里巴巴需要的是猎犬,而不是小白兔和野狗。对小白兔,公司会通过业务培训来提升他们的专业素质;而对于野狗,不管能力多强,职位多高,如果价值观与公司不符,公司在教化无力的情况下,一般会坚决清除,以此确保社群的和谐快乐。

二、员工思维的塑造

互联网时代员工价值的崛起,让我们在管理中对员工予以更多的尊重,员工潜能提升的价值观管理,仅从组织角度进行探讨是不够的,我们还需要从员工的角度予以思考,才能真正在价值观上让员工与组织保持一致,激发全体人员的潜能,更为重要的是,在员工思维塑造的过程中,所采取的行动也正是落实组织价值观的过程。从员工角度呼应组织价值观并予

[①] 杨国安著.组织能力的杨三角:企业持续成功的秘诀[M].北京:机械工业出版社,2016:89.

以落地的过程,我们可以称其为员工思维的塑造。

在这个问题的理论与实践方法上,管理学家杨国安先生有较为系统的研究,本书将对此予以介绍。① 他指出员工思维指的是员工每天工作时心中真正关心的、追求的、重视的事情,而不是放在公司网站、贴在公司墙上或者印在员工手册上的标语口号。企业要打造组织能力,实现战略目标,不仅需要员工具备胜任能力,他们还必须有朝公司希望他们努力的方向去奋斗的志愿,这一点就是塑造员工的思维的出发点。可以说,员工思维决定着员工每天大大小小的决策和做事方式。员工思维的塑造与上文所提及的组织价值观的明确,属于不同视角出发的、并行推进的工作。所以,与组织价值观明确类似,员工思维的塑造也离不开高层领导者以及各级管理者的统一思想与以身作则,需要全面系统地考虑问题,提供配套管理措施。区别在于,员工思维塑造是从员工角度看管理,更强调具有互动特点的工作整体推进方法。整体上员工思维方法的塑造可以分三步走:第一步,确定理想员工的思维模式;第二步,审视组织现存员工的思维模式;第三步,塑造员工思维。具体阐释如下。

---

① 杨国安著.组织能力的杨三角:企业持续成功的秘诀[M].北京:机械工业出版社,2016:155-161.

1. 第一步，确定理想员工的思维模式

组织可以用3—6个月的时间，通过讨论明确一些新的核心价值观，作为员工每天决策的准则或做事的依据。建议定3—7项，重点突出，简单易行。需要注意的是，不要只是讲些听上去好的，而是提出真正对企业成败有实质性影响的价值观，并且要向员工讲清楚为何原来那套行之多年的核心价值观已经不能再为企业创造价值，为什么要树立新的核心价值观，这些价值观会有什么样的重要影响。一般来看，组织确定思维模式也是基于现实发展诉求，比如说遇到战略转型、兼并收购的新发展问题，或者是陷入企业老化以及其他经营危机的时候，都会影响员工思维的确立，有时候还会提出更改需求。现实中太多这样的例子，比如IBM，员工思维的确立和调整就有过三个结点，这三个结点皆因掌舵人的改变而来，即创始人托马斯·艾森时期、郭士纳时期以及彭明盛时期的思维模式各有各的特点；还有通用电气，推行六西格玛的原因也是因为1996年的一次调研，当时的产品质量只达到了三四个西格玛，公司原材料的浪费、不必要的返工导致的费用占通用电气营业额的10%—15%，相当于80亿—120亿美元，在这样的情况下，重塑员工思维，同

时推行了西格玛管理理念。

2. 第二步,审视现有员工思维

组织单方面确立员工思维方式只是万里长征第一步,关键是实打实地做好员工角度的思维模式塑造工作。这项工作对于组织而言,多少也具有"知己知彼才能百战百胜"的意味,想要塑造员工思维,首先要了解和把握员工当前的真实想法。甚至有时候,组织在了解的过程中,其实也加入了塑造的工作。了解员工思维现状的方法有很多,比如可以采取问卷法、访谈法等方式,这些可以组织自己的资源和力量来完成,也可以借助外部顾问。需要注意的是,在开展调查的时候,切记要明确并统一思维模式描述项目的含义,以避免组织上下诠释和解读的不同。比如"以人为本",有的公司是指与人为善,善待员工,不裁员;有的公司则是指充分发挥人的潜能和贡献,把人当作公司的竞争优势。这些具体的解释,还是有必要做到位的。

(1) 问卷法。在采用问卷调查的方式中,组织可以采用量表的方式收集数据,也可以通过主观开放式问题;发放对象可以是员工个人以做自查,也可以是管理人员,借以了解管辖范围内员工思维的情况。比如,阿里巴巴就很重视价值观管理,通过考核强有力地推进了基于价值观的员工思维塑造,阿里巴巴的价值观考核占了所有员工考核50%的比重。公司对其价值观"六脉神剑"中的每一条都有具体的定义以及1—5分的行为标准,还针对每个分值的行为提供符合和不符合的具体案例,将原本抽象的价值观变成具体可操作、可考核的行为,有助于了解员工的思维模式的真实状态。在此提供一个某公司直线管理人员了解其下属思维模式的调研设计:假设公司未来要树立的价值观是乐于创新、用户导向、团队合作,而员工当前思维模式还达不到这些状态,那么可以在调查问卷中,设计相反项目并以五分量表的方式,来收集和了解员工的大概情况,如表3-2所示。

表3-2 员工思维调研表

填表说明:如下是几项员工思维的对照描述,请你根据自己在本组织中的感受赋予分值(越认同哪一边的描述,就选择越靠近哪一边的分数,比如非常认同"创新"的描述,就在"5"对应的空格中打勾,若非常认同的是"保守",就在"1"对应的空格处打勾。)

	5	4	3	2	1	
创新						保守
用户导向						绩效导向
团队合作						个人竞争

除此之外,组织还可以在调查问卷中插入开放式题目,题目的设置可以有如下参考:

◆ 组织多大程度清楚了解执行新战略所需要的核心价值观和行为准则；

◆ 组织多大程度有清晰的核心价值观和行为准则；

◆ 我多大程度认同组织的核心价值观和行为准则；

◆ 企业高管的言行多大程度与公司的核心价值观和行为准则一致；

◆ 履行工作职责时，员工多大程度上遵循公司的核心价值观和行为准则；

◆ 我多大程度清楚自己的绩效目标；

◆ 我多大程度看到绩效结果与晋升和奖励有明确关联。

(2) 访谈法。访谈法也是经常使用的一种调查方法，根据调查目标与调查对象，可以组织不同形式的访谈。比如针对高层管理人员，可以使用一对一的访谈法，了解他们对员工思维的期待，由此结合所收集到的员工思维现状，更清楚地把握理想与现实之间的差距。除了高管之外，对员工及其直接管理者也可以采用访谈法的方式来收集信息。从目标和效率上考虑，不一定非得一对一，可以采用焦点小组访谈的方式，当然，员工与直接管理者得分开进行以期进行比较。在访谈过程中，可以多询问和引导访谈对象谈一些体现思维模式的具体事例与问题,如果之前做了问卷调查,可以通过这些事例更好地理解调查问卷的结果。员工思维的调查了解也可以以组织外部的人员为访谈对象,比如客户,这是第三方资料的收集。有些时候,从客户的角度了解公司的产品、服务、营运的状况和目标的差距,可以反映出员工思维现状,并为说服大家重塑员工思维提供支撑的证据,有利于为变革创造一定程度的危机感,反而更有说服力。

3. 第三步,塑造员工思维

通过确定员工思维的理想状态与摸清现状,可以找到二者之间的差距,这也即组织塑造员工思维工作的主要关注点。员工思维的塑造策略有以下几种:

(1) 由上而下,依靠高管通过个人言行、决策、制度等多种方法,改变员工思维。

① 领导层的以身作则。比如格力公司,绝不允许组织出现裙带关系,领导者自己家里不能有任何人在格力工作。

② 建立危机意识。危机感可以促使人们改变行为,参与变革。领导者通过客观数据的统计与沟通,让各级主管和员工了解改革的紧迫性,并说服他们积极参与。比如海尔的砸冰箱。波音公司在20世纪90年代看到美国有很多企业一家

家倒下，为了唤醒员工的危机意识，公司专门拍了一个五分钟的录像带，内容是美国西雅图郊区一个空的工厂和很多在出售的空房子，并且对员工说如果我们不改变，以后就会变成这样。

③ 绩效管理。把核心价值观纳入绩效考核，并根据考核结果给予员工相应的奖惩，是推动员工改变意愿与行为的有效工具。比如，客户导向-客户满意度；创新-专利和新产品开发。为了确保高管对长期客户导向和短期利益的综合考量，IBM改变了原有的激励体系，所有负责大客户的高管在完成项目之后只能先拿和项目利润有关的50%的奖金，其余50%与客户满意度挂钩，而且是分3年发放。在每个项目结束之后，客户要对高管的业绩评分，评分对该高管的奖金起了很大的影响作用。还有通用电气公司，在推行六西格玛的时候，明文规定，如果不参加六西格玛，那就拿不到长期奖金的40%，而且也不会有机会升到主管层面或高级主管层。

④ 降职或开除。企业在变革中对于违背新价值观的主管和员工，要给予警告或惩处，杀鸡儆猴，让其他主管和员工都明白公司改革的决心；同时，要把拥护变革、取得进展的员工列为榜样，给予嘉奖和宣传以鼓励和引导其他员工。比如

通用电气在1986年为了推行新的核心价值观,将16个事业单元中14位行为不符合公司核心价值观的领导人统统撤换。又比如三星为了支持"创新、速度、全球化"的转型,也同样把半数不合格的高级经理换掉。

⑤ 制度、流程和沟通方面的管理提升。通过这些方面的管理优化,企业可以把所期待的思维模式融入日常运营管理中,使其固化生根。

⑥ 提供培训。通过培训帮助员工了解变革对于公司的必要性与重要性,也可以提高技能,开阔视野,掌握变革所需的新观念和技能,使他们有强烈的意愿和足够的能力去进行变革。

(2) 由外而内,倾听顾客的声音,与竞争对手或标杆企业对比,发现自身的不足。

① 倾听顾客的声音。当公司的主管和员工直接听到客户的声音时,他们才知道原来公司给客户带来那么多的困扰,有那么多地方需要改进。企业往往只有销售人员和客户直接打交道,为了让企业真正做到客户导向,企业可以创造一些机会,让研发人员、采购人员、制造人员和销售人员一起去拜访客户,或聆听客户的焦点小组访谈,了解客户如何使用公司的

产品,对产品和服务有哪些意见和改进建议。

② 与竞争对手或标杆企业对比。公司主管和员工常常有盲点,过于内部导向,只看到自己公司在过去几年来的进。只有更多地向外看,了解最强竞争对手和跨行业的标杆企业的业绩信息和最佳实践,通过与他们的比较,才能看到自身的差距。比如,京东的刘强东是个喜欢用数据说话的人,京东商城的账期、库存周转率、运营费率等衡量企业运营效率的关键性指标与苏宁易购、沃尔玛、亚马逊、家乐福等国内外主要竞争对手或标杆企业的优劣比较,他几乎可以脱口而出。

(3) 由下而上,指依靠基层员工的参与和推动,改变员工思维。

① 提案奖励。在公司文化重塑中,通常都是公司由上而下单向倡导,执行中可能受到中层主管的阻碍,而在基层的员工往往因为是被动的执行者而很难理解自己要如何参与和配合变革。有些公司直接要求基层员工参与变革,由下而上地动起来。比如,海尔的创新产品以员工的名字命名,并给予物质奖励。又比如丰田,如果员工的提案被采纳,员工可以从该项提案获取的收益中提成、拿奖金。还有三一重工,设立了类

似于贴吧的网络平台,了解员工心声,董事长梁稳根每周看一次,每个月都会就相关问题做出批示。有一次,一位员工提出一个改善建议为公司节约近百万元,梁稳根亲自给他发嘉奖令,奖励9万元(合理化建议按照预期收益5%—10%对员工进行奖励)。

② 群策群力。比如通用电气的群策群力(workout)。20世纪80年代,杰克·韦尔奇在公司进行一段时间的变革后发现,中层主管是变革最大的拦路虎,他就提出群策群力,动员基层的员工发动变革,让这些有能力、没权力的基层员工参与推动变革。

三、敬业文化的打造

从组织层面开发员工潜能,在明确了价值观、塑造了员工思维之后,组织接下来需要考虑的是企业整体氛围的构建,正如著名管理学家陈春花教授所说:"组织生产的关键影响因素有二:其一是社会及其结构、市场、客户及技术;另一则是组织价值观以及组织氛围。"在组织氛围的塑造上,本书引入"敬业度"这个关键概念,从"敬业文化"打造的角度来实现组织环境氛围的构建,因为"让员工敬业是一门艺术,始于一套清晰的

"三能"模式：打造组织人才能力供应链

价值观和强烈的使命感，并且同时聚焦于人员和绩效这两方面的战略、政策和实践所支撑，由此建立了一个帮助员工在工作中发挥自身最大潜力的工作环境"。① 在这样的环境中，员工更愿意为组织目标的实现贡献自己的价值，也就是提升了自身价值创造的潜能。对此，波士顿咨询集团的首席执行官里奇·莱塞也曾提出过类似的观点，提出组织要打造"选择性加入"文化，意指"身为雇主并不意味着你要让员工感到有义务留下，而是雇佣你能够找到的最优秀人才，创造环境让优秀人才决定留下并专心投入工作"。② 其实这也是从另外一个角度强调了敬业文化对组织员工潜能开发的意义，即通过敬业文化打造使组织管理化被动为主动，将选择权交到员工手里，此时愿意留下的人才将会是真正愿意努力去实现组织目标的人，也就是从内驱力上提升了人才潜能开发的可能性。该观点也有来自管理实践的客观数据做支持：敬业度学院是一家以"在全球范围内推进对员工敬业度的理解"为宗旨的研究机构，该学院在调研了超过100家企业之后发现，建立一种

---

① [美]泰瑞·贝克汉姆编.曾佳 等译.ATD：人才管理手册[M].北京：电子工业出版社,2017:85.
② [美]里德·霍夫曼,本·卡斯诺查,克里斯·叶著.路蒙佳译.联盟——互联网时代的人才变革[M].北京：中信出版社,2018:36.

"敬业"文化是在更高层级上实现员工敬业的关键驱动器。①

而且,组织敬业文化的打造其实与价值观明确和员工思维塑造是同一个过程,只是三者的角度不同,敬业文化的打造是整体环境的改善,它更像是价值观明确与员工思维塑造的结果。在这个意义上,敬业文化打造倒是可以提供衡量此结果的指标,即"员工敬业度",员工敬业度提升也可以看作是员工潜能发挥效果提升的标志。那么敬业度指什么呢?早在1990年发表的一篇期刊文章中,波士顿大学的威廉·卡恩教授就对员工敬业度进行了首次正式定义:"员工敬业度是组织成员把自己投入其从事的工作角色中的程度,敬业的员工在从事本职工作的过程中,会通过生理、认知和情感来全情投入、展现自我。"②后来在2006年,世界大型企业联合会也对敬业度进行了界定,认为其是"一个员工对他的工作、组织、经理或者同事的一种经过加强的情感和心智联系,这种联系可以反过来影响到员工本人,帮助他对自己的工作付出额外的

---

① [美]泰瑞·贝克汉姆编.曾佳 等译.ATD:人才管理手册[M].北京:电子工业出版社,2017:86.

② 张立峰.人力资源管理强度对员工敬业度的影响研究——以组织支持感为中介变量[D].沈阳:辽宁大学博士论文,2016.

自主性努力"。① 可以看出，员工敬业度充分考虑了工作场合的人的价值，强调了人员情感和认知对于组织内行为的影响。敬业度高的员工往往个人价值实现与组织目标较为一致，不仅能够对组织效益做出贡献，而且自己也处于较为幸福的工作状态。较高的员工敬业度往往与较低的事故率、缺勤率及人员流失率相关，与较高的生产率相关，同时在工作岗位上会也可能更具有创造力与创新性。换句话说，敬业文化的塑造可以用敬业度的高低来体现，员工敬业度的衡量可以帮助组织了解价值观明确与员工思维塑造的成效。

---

① ［美］泰瑞·贝克汉姆编. 曾佳 等译. ATD：人才管理手册［M］. 北京：电子工业出版社，2017：86.

第二节　个人层面的员工潜能开发法

在继组织整体层面的员工潜力开发之后,接下来我们可以就员工个体的潜能开发寻求普适性的突破点。此处的普适性是指针对组织中所有人员的潜能开发方法,而突破点是指人们之前通常没有赋予足够关注的,但是在员工完成工作任务中,又起着非常重要的那些方面。基于组织的实际作用,本书将用三节内容,从如下三个角度具体阐述:一是情商开发,通过提高员工的问题解决能力来开发潜能;二是灵商开发,通过提高员工的情景转换与重塑能力,开发员工潜能;三是教练技术,对员工潜能开发的一项落地方法进行简要介绍。

一、情商开发

个人潜能开发的一个可行入手之处是提高情商,对于职场成功来说,情商的重要性是智商的两倍。管理学家凯利和卡普兰发表在《哈佛商业评论》上的文章就说过："根据一系列认知和社会方面的测量方法，比如智商的标准测试和性格测试，这些人的能力没有显著差异。随着个体的发展，根据学业才能无法准确地预测工作成果，智商也是如此。"[1]尤其是那些工作主要是与人打交道的人，情商高更为重要，在当前以用户需求为导向，甚至是引导用户需求成为企业重要竞争力来源的时代，情商对于员工的价值创造更为重要。《哈佛商业评论》也将"情商"形容为"打破范式的创新观点"，情商开发是近十年来最有影响力的商业思想之一，不少全球性企业也已习惯把情商作为招聘、提升与培训员工的标准。比如"组织中的情商研究学会"成员单位强生公司发现，在世界各地的分支机构中，被认为有高度领导潜力、处于职业生涯中期的员工，与不被看好的同级员工相比，前者的情商竞争力要远高于后者。[2] 由此，越来越多的管理学家与实践人士都意识到，培养和开发员工的情商非常重要，可以作为开发员工潜能的重要方法。

---

[1] ［美］丹尼尔·戈尔曼著.杨春晓译.情商：为什么情商比智商更重要[M].北京：中信出版社，2016：184.

[2] 同上书：178.

作为情商理论的提出者,著名管理学家丹尼尔·戈尔曼将情商概括为以下五个方面:认识自身情绪的能力、妥善管理情绪的能力、自我激励的能力、认识他人情绪的能力以及管理人际关系的能力,也可以简单归纳为:认识自己、管理自己、激励自己、认识他人、管理他人。① 情商管理能够提高组织员工解决工作中所面对的问题的能力,在完成组织目标的同时,促进个人价值实现,而这些都得益于情商开发所起的作用。情商理念提出者戈尔曼教授对工作中员工情商管理的作用做了详细的阐述,主要包括以下三方面:第一,情商能够帮助员工将发牢骚转化为有效的批评,提出有效的批评要内容具体,同时提供解决办法,且最好是当面表达,当作为接受批评的一方时,员工应该将批评当作建议,当作改进自己的机会。第二,情商能够帮助员工营造和谐合作的氛围,减少不必要的人际摩擦,这对于团队合作的顺利开展具有非常重要的意义,对于组织赋能的实现也有一定的促进作用。第三,情商开发能够帮助员工建立良好的关系网络,组织中的人才为了完成任务往往懂得运用人际策

---

① [美]丹尼尔·戈尔曼著.杨春晓译.情商:为什么情商比智商更重要[M].北京:中信出版社,2016:49.

略，与工作开展的一些关键人物建立并保持融洽关系，搭建有助于工作问题解决的非正式网络。

正因为情商如此重要，且在很多组织中的既定评价体系与培养体系中尚未完全意识到情商培养的重要性，所以，个人层面的潜能开发可以从培养和开发员工情商入手。

二、灵商开发

除了情商之外，员工层面的潜能开发还有一个着眼点是"灵商"开发。在达纳·佐哈的《灵商》一书中提到："灵商是人类独有的，与人类寻求意义的需求相联系，是三商中最为基础的、在智商和情商之下，一种更为深层意义的、更有份量的东西，更具决定性和控制力的东西。"[①]这是公元2000年左右，在心理学、神经病理学、人类学和认识科学等相关领域的共同研究下，提出的人类所拥有的心灵智力，即人类的第三种"商"——"灵商"(spiritual intelligence，SQ)。灵商是具有脑科学证据的，不仅仅是哲学意义上的人性思辨，其强调由理性自我的外层回溯到真正的内在自我。强调起始性的、原生性

---

① [英]达纳·佐哈，伊恩·马歇尔著. 王毅，兆平译. 灵商：人类的终极智慧[M]. 上海：上海人民出版社，2001：15.

的、内在性的自我是人生存和发展的根基,进一步发展的价值与意义的源泉。

之所以说灵商开发能够开发员工潜能,是因为灵商能够提高员工解决各种问题的内驱力。更确切地说,灵商开发对于人类的影响远远不止于工作领域,促进组织人员的潜能开发只是灵商发挥作用的一个方面而已。为了解释清楚这个问题,我们要追溯到灵商的起源意义。达纳·佐哈指出,我们提出灵商是因为人类是一种心灵的动物,我们总是被一种需要所驱使,询问一些基本的或终极的问题,比如:我为什么出生?我生命的终极意义是什么?在疲惫的时候,我为什么要继续前进,使我这样做的原因是什么?人类已被这种在自己的所作所为和经历中寻求意义和价值的渴望所驱使。我们可以通过询问"为什么",寻找事物之间的联系,揭示我们在事物的背后和内部获得的意义,从而变得更爱思考、超越自己、承担责任、更具有自我意识、对自己更诚实和更无畏,提高我们的灵商,从而提高生命价值和生存意义。

所以,人类的灵商开发能够让人们面对问题时具有更好的灵活变通的能力(积极的和自发的适应性)、高度的自我意识、面对和利用苦难的能力、面对和战胜痛苦的能力,增强理念的牵引和激励作用,以及更好地发现不同事物之间的联系,具备整体意识等。此外,需要说明的是灵商开发与情商开发有所不同,最重要的差别在于具备灵商的人具有转换情境来处理问题的能力,比如处于一个情境中,情商能够帮助我们判断这个情境,然后考虑如何行事,而灵商则能够让我们去考虑自己是否喜欢这个情境,如何对其进行改造,创造一个更好的新情境。这一点放在工作领域,放在组织中,也就意味着灵商高的组织员工面对问题时,更具有创新意识与创造力,具有更好的内驱力与内生动力,更能激发自己的潜能。总而言之,灵商高的员工更可能成为一个献身于事业的人,一个更具责任感的、为组织带来更高价值的人。

虽然灵商开发对于组织员工的潜能开发很重要,但灵商的本质特点是非线性、非逻辑与非理性化的,所以灵商很难被量化,具有一定的评估难度,尽管如此,灵商提出者还是为我们提出了提高灵商的一些方法,可以为组织员工潜能的开发提供一些思路。这些方法基于员工,指引员工思考如下问题:意识到自己现在在什么地方;强烈地感觉到自己想改变;反思自己的中心是什么,最深层的动机依赖的是什么;发现并解决障碍;探索往前走的许多可能性;从中使自已选定一条道路。经过这些思考，员工能够知晓自身的最深层动机，实现高层次的自我了解并在行动上予以回应，从而能够在工作中将困难看作机遇，更好地采取行动解决问题和创造价值。

三、教练技术

虽然上述的情商提升和灵商开发对于组织里所有员工的潜能开发都具有很大的意义和价值，但对于组织而言，提升个体情商与灵商不是一件简单的事情，二者的培养和开发与知识和技能的传授不同，不能依靠大规模的、体系化的传统培训方法来实现，是一个更个性化的、长期的开发过程。在这一点上，本书想引入"教练技术"作为员工潜能开发的方法之一予以介绍，虽说教练技术本身并不是针对情商开发与灵商开发而来，但其个性化的培养过程，可以为员工潜能的开发提供一个思路和平台。

"教练技术"源自20世纪70年代初哈佛大学的教育学家兼网球专家莫西·高威所提出的一个概念——"内心游戏"，其中"内心"指选手的内心状态，对于选手来说，"真正的对手不是比赛中的对手，而是自己头脑中的对手"。所以，如果教练能帮助选手克服内心的障碍，使其专心致志于正确的目标，选手将在学习与表现上释放出惊人的潜能，创造前所未有的奇迹。他指出，唯一能够限制我们的是目光的短浅和自我设限的观念，这个概念同样适用于个人和组织的潜能开发，被称为"教练技术"。教练技术是顺应了知识经济时代对领导力的召唤发展起来的一门新兴的个人和组织潜能开发技术，集心理学、神经科学和领导力研究之大成，聚焦于行为改变和绩效提升，帮助人们释放潜能，实现最大化的产出。可以说，教练技术中的教练可以看作是员工的伙伴，通过发人深省和富有想象力（创造性）的对话过程，最大限度地激发个人的天赋潜能和职业潜力。知名教练大卫·洛克指出："教练帮助人们更好地思考，通过有效的提问方式帮助人们自己找到解决问题的答案。"[1]所以，对于组织中人才的潜能开发，教练技术可以是有效的可选方法之一，而且在教练技术本身能力指向的基础上，可以遵循情商与灵商的特点，把二者也加入到潜能开发的过程中来。

---

[1] ［英］约翰·惠特默著.林菲,徐中译.高绩效教练[M].北京:机械工业出版社,2013:前言.

第三节 "高潜力"人才测评方法

在前面两节的内容中,本书聚焦于组织上下所有员工的潜能开发,但不可否认,在任何一个组织中,员工是具有差异化特点的,在潜能上自然也是如此。基于高潜力人才管理对组织的重要意义,本章第三节与第四节内容将围绕组织中的"高潜力"人才展开,主要聚焦于高潜力人才的识别途径与方法,两节内容在科学测评与经验识别上各有侧重。

一般而言,基于当前绩效表现与未来发展期望,组织对人才的识别一般依据三个方面:业绩、能力/素质以及潜力,其中业绩是管理者过去一年取得的业绩结果,能力/素质是管理者过去一年取得业绩结果过程中的具体行为表现,而潜力则是预测管理者未来发展的。

组织中的此类预测可以从两个角度展开:其一是基于人才的个人特点,属于"个人潜力";其二是基于人在组织职位中的表现,定向预测其在其他岗位或其他任务的发展潜力,可以看作"职位潜力/任务潜力"。其中"个人潜力"的测评,可以帮助组织了解人才适合做什么,有哪方面的长处与优势,从这个意义出发,高潜力人才的测评可以落脚于其优势识别、人格特点、性格特点、心理特点以及其他行为方式的测量,根据测评结果所示,了解人才是否符合组织对人才高潜力的期待。可以说,上述提到的很多测量方式对于人才潜力都有一定的预测价值,能够为组织提供一定的用人参考建议,本节只选择聚焦性较强的"盖洛普优势识别器"与"PDP 测试"予以简要介绍。在管理实践中,除了这两种测试之外,还有其他一些测验也有一定的应用,比如伯乐门职业测评、MBTI 性格测试、霍根领导力测评、NEO 人格量表以及九型人格等等。而"职位潜力/任务潜力"的测量,则定向性和指向性更为明确,在此我们将提供一个测量流程与步骤供读者参考。

一、盖洛普优势识别器

盖洛普公司是全球顶级咨询研究机构,其历时 50 年,开发出独一无二的优势测量工具——优势识别器,致力于测量和分析人的态度、意见和行为,是一个能够帮助个人了解和描述自身才能的工具,管理者们通常使用它来了解并充分发挥员工们的优势,从而为个人发展与组织管理提供科学解决方案,这一工具已得到众多认可。比如Facebook曾巧妙地使用优势识别器来有效地调配人才,不考虑公司的职位空缺,Facebook只聘用他们所能找到的最聪明的人,然后利用优势识别器的测试结果来了解这些员工的才能,并为每一位新员工创建一个适合他们的工作岗位。①

在《盖洛普优势识别器2.0》一书中提到,盖洛普优势识别器是由"优势心理学之父"唐纳德·克利夫顿及其所领导的盖洛普科学家团队所提出,其管理哲学是只有当人们投入更多的精力来发展自身优势,而不是改善劣势,才更有可能成长、成功,所谓"人不可能事事皆行,但可以人尽其才"。事实上,优势识别器是用来测量天赋的,不是测量优势的,提出者之所以没有把它命名为"天赋识别器",而是命名为"优势识别器",是因为他们开发这样一个系统的终极目标是帮助人们构建其真正的优势,而天赋只是其中的一个组成部分,即优势(持续做出近乎完美表现的能力)=天赋(天生的思考方式、感受方式和行为方式)×投入(投入到练习和开发技能、学习基

---

① [美]汤姆·拉思著.盖洛普优势识别器[M].北京:中国青年出版社,2018:174.

础知识上的时间）。

不难理解，通过识别优势，优势识别器能够帮助人们发现和开发潜能，帮助组织发现和挖掘合适的高潜力人才。比如通过优势识别器的测试，具有自信、前瞻、专注、统筹、追求等天赋的人，就拥有担任组织负责人的潜力；又比如测试结果显示具有伯乐优势的人，可能是担任主管、团队负责人或经理的人选，而且还善于培养能在未来担当重任的人才，所以可以从他负责的部门挑选公司其他部门需要的干部。

目前，优势识别器的测试方法，可以通过两种方式取得：一种是购买出版物——《优势识别器》，正版书中会附有测评链接与测评码，需注意的是，该测评码只允许一人使用；另一种是直接到盖洛普优势识别器的官方网站上去购买服务，包括企业服务与个人服务。

二、PDP 测试

PDP（professional dynametric programs，行为特质动态衡量系统）是行为风格测试的一种工具，在国内不少人习惯称其为"五种动物"测试。PDP 由美国南加州大学统计科学研究所、英国 Rtcatch 行为科学研究所共同发明，其可以有效测量出个人的"基本行为""对环境的反应"以及"可预测的行为模式"。自发明以来在全球已累计有 1 600 万人次有效计算机案例,涉及 5 000 多家企业、研究机构与政府组织,其有效性已经通过四种研究方法被证实:结构、促成因素、预测能力及内容有效性,被赞誉为现今全球涵盖范围最广、精确度最高的"人力资源诊断系统"工具。

PDP 测试的目的是帮助企业和组织挖掘那些目标明确、态度积极和具有领导潜力的优秀人才,通过强化他们的天赋优势,提高个人与组织的绩效。该测试根据人的天生特质,将人群分为五种类型,包括支配型(dominance)、外向型(extroversion)、耐心型(pace/patience)、精确型(conformity)与整合型(1/2 sigma),分别对应动物化的"老虎""孔雀""考拉""猫头鹰"与"变色龙"。具体行为特点如表 3-3 所示,组织可以根据人才的测量结果,发掘开发其潜能。

表 3-3　PDP 测试的五种类型及其行为特点

支配型(老虎) 充满自信、竞争心强、主动且企图心强烈,具有决断力,胸怀大志,勇于冒险,看问题能够直指核心,对目标全力以赴	成果导向	勇敢、行动、效率、实际、对事不对人、喜抓大方向,具有完成任务的权威
	关键特质	自信、挑战、权力、能力、地盘、率直

(续表)

外向型(孔雀) 人际关系能力极强,擅长以口语表达感受而引起共鸣,很会激励并带动气氛,善于互动,重视群体的归属感	人际导向	喜做与人有关的事、重视团队、擅长激励、会主动经营愉快活泼气氛、建立快乐工作情绪与同仁感情
	关键特质	朋友、机会
耐心型(考拉) 平易近人、敦厚可靠、避免冲突与不具批判性,态度不慌不忙、冷静自持,注重稳定与中长程规划,会反思自省,以和谐为中心	价值导向	追求专业上的中长期卓越的结果
	关键特质	持久和步调性,务实,和谐
精确型(猫头鹰) 重计划、条理、细节精准,喜欢理性思考与分析、较重视制度、结构、规范,注重执行游戏规则、循规蹈矩、巨细靡遗、重视品质、敬业负责	过程导向	重计划、条理、细节精准、喜制度、结构、规范、游戏规则要明确
	关键特质	原则性强、完美主义、重是非
整合型(变色龙) 适应力及弹性都相当强,擅于整合内外资源,兼容并蓄,以合理化及中庸之道来待人处事,会依组织目标及所处环境的任务需求调整自己,没有明确的预设立场,不走极端,柔软性高	组织导向	以组织和团体的目标利益为依循,需要在能认同的,稳定的组织里发挥,不喜激烈的派别对立的多冲突环境
	关键特质	适应力强,灵活性高

PDP测试简洁高效,测试者填写的题目一般只需要5—10分钟就能完成,根据填写结果会获得一份分析报告。感兴趣的读者可以在一些专业网站上了解测试题目示例,进行付

费版的完整测试。

三、职位/任务潜力测评

除了针对个人特质的测评可以帮助员工和组织发现人才潜能之外，还有一些测评方式是对组织已经认同的高潜能或者关键岗位/关键任务的潜在适应者进行测评的工具，也即本书即将介绍的"职位/任务潜力测评"。对组织的人才管理具有更强的导向性作用，是一个评估个人是否具有岗位调动潜力或晋升潜力的过程，主要目的在于判断某个员工是否具有晋升到更高级别管理岗位、更具专业性质岗位或完成更重要任务的能力。既然是针对性强的潜力测评，在探讨测评工具之前，首先需要明确潜力标准，此处的标准不是普适性的标准，而是契合组织特点、岗位特点和任务能力要求的标准。

1. 潜力标准的确定

既然是职位/任务潜力测评，潜力标准来源于组织关键职位的任职资格或者是来自组织的胜任力模型。需要注意的是，既然是潜力标准，就要从发展的角度来进行考虑，组织需要基于未来发展岗位或任务要求，来确定哪些要素是当下人员的潜力测评标准。在此,本书提供一些组织的人员潜力标准供读者参考①:比如西门子公司,认为以下几个因素可以有效预测员工的发展潜质:智慧(洞察问题的本质,给出可靠的、富有想象力的、充满智慧的方案或策略,并制定具体可行的计划);系统思考(分析复杂情形和任务,综合各方面信息,概括出自己的观点和看法,善于因果关系分析);自我激励(寻求快速增长、高绩效的创新,以及挑战性的业务,善于抓住机会,主动给自己设定挑战性的目标);学习能力(快速应对困难、不熟悉或模糊情景和任务的能力);教育背景(学校教育背景,尤其是本科教育是预测潜力的重要特质)。又比如联想集团,从成就动机、学习能力、聪慧和前瞻力四个方面,将员工分为低潜力、中潜力与高潜力三个层次,然后组织根据员工当前的表现来预测员工的潜力,并且考虑到员工并不是不会改变的,联想集团对于员工潜力的评价每年都要进行,可灵活采用各种方法对潜力做出评价(具体如表3-4所示)。

---

① 李常仓著.人才盘点:创建人才驱动型组织[M].北京:机械工业出版社,2012:62.

表 3-4　联想集团员工潜力标准①

	低潜力	中潜力	高潜力
成就动机	1. 一般由上级设定目标,自己不做修改 2. 很少为自己订立衡量进步的客观标准 3. 做事偏保守求稳 4. 想把工作做好的愿望不强烈 5. 针对自己的表现,很少向上级寻求反馈	1. 主动给自己设定目标 2. 主动为自己订立衡量进步的客观标准 3. 经过周密盘算后,敢于冒风险 4. 表现出把工作做好的愿望 5. 关注自己的业绩,主动与上级沟通	1. 为自己设定并努力实现挑战性的目标 2. 阶段性地对自己的进步情况做总结 3. 果断正确决策,勇于承担风险 4. 表现出把工作做好的强烈愿望 5. 对自己的表现是否出色非常关注
学习能力	1. 提高能力、丰富经验的愿望不强烈 2. 接受和掌握新知识、新技能的速度慢	1. 重视个人成长,善于从经验中学习 2. 能够较快地理解和掌握新知识、新技能	1. 个人发展目标明确,对掌握知识、技能的愿望强烈 2. 快速在新旧知识、技能之间建立联系,掌握速度快

---

① 李常仓著.人才盘点:创建人才驱动型组织[M].北京:机械工业出版社,2012:63.

（续表）

	低潜力	中潜力	高潜力
学习能力	3. 接受组织规范和标准，坚持使用传统方法	3. 经常总结做事情的方法，并取得了进步	3. 整合或改进工作方法、流程，明显提高了效率
	4. 对新知识、新技能掌握较死，可迁移性低	4. 能够把学到的新知识、新技能用到实际工作中	4. 活用新的技能和知识
	5. 胸襟不够开阔，很少跟他人分享交流	5. 清楚自己的不足，主动向他人请教	5. 开放，能否定自己，愿意向不如自己的人学习
聪慧	1. 对问题反应较慢	1. 对问题展现出较强的理解能力	1. 反应敏捷，快速抓住问题主旨
	2. 注重事实和信息收集，向前看的眼力不够	2. 在有限的数据和信息下得出较佳决策	2. 在有限的信息下快速准确地决策
	3. 相信传统做法，很少表现出革新意识	3. 能够跳出常规模式，并提出更好的方法	3. 挑战原有的思维模式，迅速产生新想法
前瞻力	1. 注重问题的解决，对问题的根源关注不够	1. 经常会预测到问题的发生	1. 预测发展趋势，敏锐把握机会
	2. 只关注个人业务范围，限制了看问题的高度	2. 能够跳出画面看画	2. 站在更高的层次上考虑个人或部门行为

(续表)

	低潜力	中潜力	高潜力
前瞻力	3. 认为公司战略离自己太远	2. 考虑问题有大局观	3. 时刻关注公司战略,保持业务与战略的一致性

2. 测评方法简介

(1) 以管理者为中心的整体评估。整体评估是相对简单的人员潜力评估方法,由被评估人才的直接管理者根据潜力标准对其做出评价,以此找到组织中最具潜力的人才。这种方法的有效进行,需要对潜力标准有较为详细的规定,管理者对被评价人才具有较全面的了解,且在评价过程能够做到公平公正。评价过程可以由管理者填写表格后,送交人力资源部。这种方法的优点在于快捷、保密性高,组织对结果的掌控力较高;缺点是主观性太强,员工沟通不足,评价结果有可能会让人们觉得说服力不足。

(2) 基于关键事件法的互动式评估。基于潜力标准,组织可以采用关键事件访谈法的方式对人才的潜力进行评估,在面谈中采用STAR原则①,从情境、目标、行动和结果四个

---

① STAR:S—situation,T—target,A—action,R—result。

方面，收集人才在组织中的关键行为信息，从而对其潜力做出分析评价。此种潜力测评的优点是：基于事实，评价结果具有较好的依据和说服力，测评双方有较为充分的沟通，使评估过程变成一种双向的共享流程，相关管理决策的被接受程度也会大大提高；缺点在于比较费时，管理者需要接受相关培训以掌握准确的评价技术。

（3）授权式员工潜力自评估。该方法最大化地强调了被测评人才的自主参与意识，管理者为被测评者提供组织的潜力衡量项目与标准，让员工根据这些资料，对自己的潜力做出评价，管理者只是在测评过程中提供一定的指导与协助。该方法融潜力测评与激励和培养管理于一体，或者可以说，更侧重于人才的激励与培养。因为通过自主对照潜力标准的评测过程，人才就会更为直接具体地了解组织对人才的潜力需求以及自己是否存在能力差距，有利于调动员工的积极性，进一步明确能力发展方向，而测评结果对于管理决策来说，多是起辅助作用，能够提供一些资料参考。

（4）基于大数据的人才潜力测评新思路。在大数据时代中的众多领域，人们得到海量的、精准信息的可能性都大大增加，人力资源管理也是一样，对于人才的测评也是如此。我们可以大胆畅想一下:有了大数据的支持,组织可以不再根据过往经验提炼高潜力人才的标准,而是直接以组织中的优秀人才或组织期望人才的相关测量数据或发展信息为对标样板,与被测评对象的数据和资料进行对照,以此筛选出组织所需的高潜力人才。在管理实践中已有企业在这么做了,比如一家总部位于波士顿的全球公司——Bullhorn,其业务就是专门向人事和招聘行业提供云软件技术,将管理天赋和管理经验数据化,与相关科学测验的高级分析模型相对比,以此了解组织人才潜力。①

---

① [美]吉恩·保罗·艾森,杰西 S.哈里奥特著. 胡明,邱黎源,徐建军译. 人力资源管理大数据:改变你吸引、猎取、培养和留住人才的方式,北京:机械工业出版社,2017:89.

第四节 "高潜力"人才特征识别

高潜力人才所具有的特点,不同组织基于自身发展需求,有不同的理解与界定,甚至对于不同岗位和不同任务,高潜力人才的标准也会有所调整。但在企业管理实践中,很多时候对于人的评价和衡量,完全依赖工具测评结果是不现实的,科学测量固然重要,但来自丰富管理实践的经验认知也有其价值。因此,本书基于业内若干知名管理专家对高潜力人才的特点研究,并结合众多成功企业的管理实践经验,总结提炼出对高潜力人才特征的主观识别经验,以飨读者。主要有如下四点。

1. 成就动机强,重视价值实现

高潜力员工往往胸怀大志,永远不满足于已有成就,具有很强的内驱力去挑战自己,实现更高的目标。在此过程中,他们非常重视自身的价值贡献,对于自己在组织中的定位和作用有充分认知,无需外在力量推动,会自觉符合自己在组织中的角色要求,做出贡献,体现自己的价值,从而得到组织上下的信任与尊重。

2. 主动学习能力强，知行合一

高潜力人才能够很快地学习新的知识和技能，具有良好的学习习惯和方法。一般来说，学习能力由学习动机和学习风格两方面共同决定，其中的学习动机又分为主动学习和被动学习两类，高潜力人才往往是主动学习者，他们往往能够在学习的过程中感受到愉悦，并且为获得自身发展而不间断地主动进行学习。与此同时，他们具有自己的知识体系，并且侧重问题解决的知识应用过程，注重实践，能够做到知行合一，他们思考问题时能够合理发散思维，思路清晰、抓得住重点，能够有效地把学习的内容付诸实践，采用最为合适的方式为组织解决问题。

3. 具有前瞻力与开创性，不固守经验

高潜力人才能积极接受并主动适应环境的变化与发展，互联网时代的快速变革让他们在感受到挑战的同时，也嗅出机遇的味道。高潜力人才不会囿于过往经验，面对问题会有意识地从多种角度予以思考，会主动加入新时代的视角，不排斥新方法新技术的探索与应用。如果居于管理岗位，那么对于新思路和新想法也会持鼓励和欢迎的态度，对于合理方法与建议,会带领大家大胆尝试和落地。

4. 乐于承担责任,具有调动资源的合作意识

高潜力人才的人生是充满使命感的,且拥有很好的情商与灵商,会积极面对工作与生活的挑战,明确自己的任务和责任,对于工作有事业感,而不是简单的交差而已。同时,有挑战难题的自信但没有单打独斗的自负,具有合作意识,并积极拓展和调动资源,接受并积极融入人才生态网络的发展过程中,具有时代的开放性与强适应力。

从家文化到职业竞争文化:腾讯文化的变革与落地

在人力资源管理上,腾讯公司认为最佳做法不是靠政策制度,而是靠文化。腾讯的年轻员工比较多,管理这些员工,仅靠领导自上而下的命令,鲜有人买账,仅靠冷冰冰的条文,也收效甚微,所以腾讯的做法主要还是靠文化。目前为止,腾讯已经打造了阳光、瑞雪、荣誉等文化品牌活动,员工参与到文化活动的策划和开展过程中,使其对文化有认同感,对企业有归属感。从文化管理结果上来看,腾讯员工高度认同公司价值观——正直、进取、合作、创新,根据腾讯内部的满意度调查,认同公司价值观这一指标在41项满意度指标中高居第一,比平均分高出22.9%。

腾讯的价值观与组织文化并不是生来就匹配组织战略目标,

并能够一直获得员工的认同的,它也经历了一个发展与变革的过程。以前腾讯强调家文化,企业对员工比较客气,大领导也像家长一样,对员工的方方面面都很照顾。但随着公司的发展壮大,家文化逐渐出现了问题,比如由于招聘过于强调好福利、好待遇和一家人,吸引的员工也会格外关心福利待遇。HR和行政等部门在工作中也以员工满意为先,员工的一切需求都要尽量满足,这也让员工对福利、待遇的需求水涨船高,虽然HR与行政部门逐年创出福利新花样、新玩法,但员工并不十分买账。公司为讨好员工所累,组织的战略目标反而不是第一位了。

针对这种情况,腾讯及时地发现了问题并予以改善,人力资源管理部门制定了文化变革的战略目标并予以执行落地。在变革中,明确了组织文化由家文化调整为职业竞争文化,并将员工的思维习惯和行为习惯作为组织文化的落脚点,必须让员工感受到自己在企业中应该承担什么责任、扮演什么角色。用腾讯企业文化与员工关系部副总监张铁军的话来说:"腾讯首先要让员工意识到自己的职责、责任,认识到企业不是享受安逸、消磨意志的地方,不是让员工找个安乐区舒服度日的地方,而是一个由职业化员工构成的一个大家庭,这样的家庭是能让人成长的。"

腾讯的价值观明确与文化重塑的过程非常重视与员工的沟通工作,这也是公司沟通体系发挥作用的重要方面。腾讯的沟通体系包括如下三个方面:第一,高层思想。通过有效的高层交流活动,让员工充分了解公司战略和管理意图,体会并感受到高层对组织价值观与文化的重视。第二,中层话语。通过部门业务及战略沟通,让所属员工充分知晓信息、认同决策,知道业务方向,感悟和了解组织文化与价值观在实际工作中的体现。第三，员工参与。通过营造透明的氛围、运营沟通平台，使员工敢说话，员工声音有效传递，得到及时反馈和帮助，提升参与感与主人翁意识，促进员工敬业度的提升。

同时，腾讯通过管理设计与多方面的落地措施来重塑组织文化和员工思维：比如在业绩方面给予员工适当压力、让业务部门承担起必要的义务，鼓励业务部门之间的相互竞争。比如在招聘的策略方面，校招的宣传导向有了明显改变，以前是对学生讲公司的家文化，如好福利、好待遇；现在在校招时首先明确地告诉候选者，腾讯要招的是"有梦想的实力派"。"有梦想的实力派"在腾讯是指：只要你的实力够好，在腾讯就没有不可能。校招宣传的内容开始讲腾讯集团的业务发展，各事业群在行业的龙头地位等，主张用事业吸引人才。又比如在福利管理上，腾讯认为过高的福利也会对员工的职业发展产生不利影响。腾讯的文化变革是想消除员工对公司的依赖性，强调职业化的文化，如果员工对哪些福利实在抱怨不断、不满意的话，那就干脆不做了，HR不会为了员工满意而一味满足所有要求。

由此，通过具体落地措施的支持，腾讯的组织文化从家文化转向渲染职业竞争的新文化。正是这种无处不在的职业化竞争文化，激活了员工的潜能，催生了腾讯更多的创造力，取得了更多意想不到的成绩。

（资料来源：马海刚，彭剑锋，西楠著. HR+三支柱：人力资源管理转型升级与实践创新[M]. 北京：中国人民大学出版社，2017. 编写有改动。）

结合案例内容,思考如下问题:

1. 请阐述腾讯"正直、进取、合作、创新"的组织价值观如何在其管理措施中予以体现。

2. 请阐述腾讯文化观念转变过程中,哪些重要的推动力量在发挥作用,各自扮演何种角色。

第四章 人才能力建设之盘点

人才管理聚焦于组织中的人才能力的管理,能力的成长性、发展性与再生性使组织人才能力建设具有了可行性与必要性。做好组织人才能力建设也即做好两件事情:第一件事是切实了解组织的人才能力情况,这一方面需要明确组织的能力需求,另一方面需要掌握组织现有的能力情况,以此为依据,做好组织的人才盘点工作;第二件事情是明确人才能力缺口,以此开展针对性的能力提升工作。本书的第四章内容主要围绕第一件事情展开,第五章内容针对第二件事情做阐述。

本章首先阐述能力需求分析,这一过程帮助组织确定人才的能力标准。接下来的能力评价方法,是在能力需求确立标准的基础上,科学、客观的识别和挖掘组织中人才的方法的介绍。这二者都是人才盘点工作的重要组成部分,为组织人才盘点提供必要输入信息。在此基础上,第三节内容直接对盘点会议如何开做了简要介绍,并提及了盘点结果的若干呈现方式。

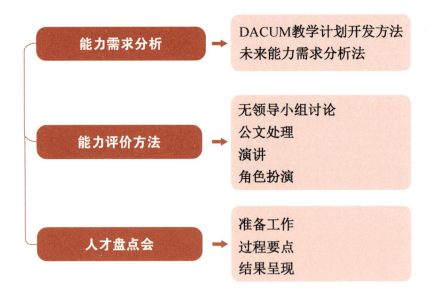

第一节 能力需求分析

能力需求分析是帮助组织了解当前与未来发展的能力需求的过程，也可以理解为建立组织人才能力标准的过程。常用的方法是广为人知的胜任力模型构建，它对于关键岗位更为适用。但是胜任力模型构建本身是一项较为复杂的工作，胜任力本身的类型也很多，有整体胜任力也有核心胜任力，有专业胜任力也有通用胜任力等。本书前文中潜能开发章节提及的价值观和员工思维等属于文化管理范畴，其胜任力要项可以适用于全体员工和主管，但大多数能力要项需要考虑职位和层级的差别，同时，指标构建要真实、具体且与时俱进，需要与组织的管理系统相对接，才能落地真正发挥作用，可以说，胜任力构建与落地是一项需要投入较多资源与人力的持续工程。胜任力模型构建的系统方法与流程已有很多专业书籍做详细介绍，本节基于主题的关联性与实操的实用性，在此简要介绍一种性价比较高的胜任力模型构建的简化操作方法——DACUM教学计划开发方法；除此之外，还针对未来组织人才能力的需求提供了一种分析思路。

一、DACUM 教学计划开发方法

DACUM(developing a curriculum)方法是通过职位或者任务分析从而确定某一职业所要求具备的各种综合能力及专项技能的综合方法。始于20世纪60年代，加拿大区域经济发展实验项目分部通过大量的理论与实践研究发现：由优秀工作人员分析、确定与描述的本职业岗位工作所需的能力，更符合实际工作的需要，也更具体和准确。由于该方法开发之初是为了开发教学培训计划，所以被命名为"教学计划开发方法"，但实际上，这种方法已成为一种科学、高效、经济的分析确定职业岗位所需能力的职业分析方法。至今为止，已被广泛运用于技术性岗位的岗位分析中，虽然目前尚未有太多人用它来分析管理或和专业性岗位的工作需求，但操作流程与方法仍然可以借鉴。

DACUM职位能力图表是由某一职位所要求的各种综合能力与相应的专业技能所组成的能力图表，用以描述担任此职位的人必须满足的各种条件要求。具体的分析过程可以说充满了头脑风暴法的色彩:首先,请相关领域专家罗列出职位职责(或能力要素);其次,精选10—12位该职位的任职人员或直接管理者,组成 DACUM 委员会,准备参与开发 DACUM 职位能力图表的讨论会;最后,由一名受过培训的 DACUM 会议主持人引导 DACUM 委员会开展具体工作,包括介绍整体情况与任务目标、与委员会成员回顾第一步所罗列出的职位职责(或能力要素)、讨论确定要素及权重,最后形成能力图表。

DACUM 方法的特别之处在于 DACUM 委员会的讨论过程,尤其是参与讨论的人员选择,不同于一般的胜任力建模,该方法所选成员均是来自实际工作岗位的优秀任职者,对所分析的职位相当熟悉,业绩优秀,且了解该职位的发展趋势,同时具有参与讨论会的沟通交流与合作能力。在讨论的过程中,运用"头脑风暴法",保证参与研讨的人员能够充分发表个人意见;所讨论的能力项目个数一般为8—12个,且对能力的描述一般需要以动词开头,并附加可操作内容,讨论清楚任职者所应掌握的知识、技能与态度等。最后分析整理出的 DACUM 职位能力图表一般包括职位名称、能力领域、单项技能和技能操作评定等级这四项内容。

比如以高校教师这一职位为例,其能力领域包括职业道德、教学、科研以及社会服务这四个方面,各领域分别包括若干单项技能,如表 4-1 所示:

表 4-1　高校教师 DACUM 能力图表[①]

能力领域	单项技能	技能操作评定等级				
		很低	较低	中等	较高	很高
职业道德	行业职位道德	1	2	3	4	5
	岗位职业道德	1	2	3	4	5
教　学	课程内容开发	1	2	3	4	5
	教学设计	1	2	3	4	5
	教学实施	1	2	3	4	5
	教学指导	1	2	3	4	5
	教学改革	1	2	3	4	5
科　研	课题准备	1	2	3	4	5
	课题实施	1	2	3	4	5
	课题评价	1	2	3	4	5
社会服务	专业发展	1	2	3	4	5
	职业分析	1	2	3	4	5
	技术服务	1	2	3	4	5

表 4-1 中的每一项单项技能都附有相对应的描述,比如

[①] 刘君义,方健等. 基于 DACUM 方法的职技高师教师能力标准构建[J]. 职业技术教育,2009(20):80.

以"行业职业道德"为例做说明,其描述为"解读和落实行业职业道德的能力"。需要注意的是,在实践中,有时根据组织实际工作情况,某个能力领域所需技能不是一项单一技能,而是以技能单元的形式来体现,即在进行等级评分的时候先对技能做进一步细分,然后再评分。比如"教学实施"这一项,可以将其作为单项技能进行等级评估,也可以处理为技能单元,在"教学实施"这个单元内进一步将技能细分为"组织教学""管理教学"和"教学应变"这三项,分别做出对应描述:"组织教学"指"设置教学设备,把握教学节奏,安排教学进程,以及实践示范指导的能力";"管理教学"指"调动学生学习积极性和主动性,创设和谐教学气氛以及维持课堂教学秩序的能力";"教学应变"指"把握教学对象和条件变化,以调整教学内容、变更教学程序,灵活改变教学方法和处理突发情况的能力",然后分别进行登记评分。

整体来看,DACUM方法具有如下优点:首先,该方法远比传统的胜任力模型方法更快更迅速,这是值得强调的最突出优势;其次,这种方式具有较高的表面效度,这可能与参与讨论者是来自该职位的实际任职人员有关;最后,这种方法也确保了决策者的高度参与,因此提高了其责任感和支持度。

该方法也有其缺点与不足：首先，为了保证速度，该方法的所得结果在信度和严谨度方面还是逊于传统的胜任力模型；其次，分析质量在很大程度上取决于委员会成员的水平和能力，主观影响较大。

二、未来能力需求分析

从组织能力建设的角度出发，能力需求除了基于当下，还有一个不可忽视的着眼点是未来，让组织人才能力建设起到未雨绸缪的作用，提升组织可持续发展的竞争力。未来能力需求的分析其实是组织能力需求分析的组成部分之一，方法过程完全同步，是分析结果的组成部分之一，体现出组织的未来能力需求。但事实上，在实际分析过程中，未来能力需求被予以充分考虑是具有一定的实现难度的，无论是未来导向的岗位和任务分析还是未来胜任力模型构建，都需要选择好合适的落脚点，才能抓住趋势发展的要点及其对组织能力需求的影响。也就是说，在路径方法上未来能力需求与现状能力需求分析不是完全割裂的状态，但在具体分析过程中，需要选择合适的角度来把握未来能力需求的影响因素。对此本书从外部环境、组织内部环境以及被分析岗位三个角度，来介绍一些可供分析的入手处。

1. 外部环境分析

未来人才能力需求分析，第一个需要考虑的角度是外部环境，其发展趋势变化必然对组织及其岗位任务产生影响。由于该项工作往往处于组织战略的高度，所以分析过程离不开高层的参与，可以对如下问题逐步展开思考研究：①未来一段时间内，外部环境的哪些趋势变化可能对组织影响最大？比如经济状况、市场状况、财务状况、法律法规状况、科技状况、社会状况以及其他，可以逐条列出；②对于上一步所列出的因素，尝试分析其会如何影响组织？对组织的战略规划是否会有影响？组织可能产生哪些发展结果或是否会带来不利后果，可以大胆预测。

2. 组织内部分析

基于外部环境的影响，对组织内部情况进行分析，比如组织结构与任务方式等。可以对如下问题逐步展开思考研究：①基于上一步的外部环境分析，思考组织内部的哪些职能或职位最有可能受到那些外部因素的影响，以及影响方式可能会是怎样的；②对于上述影响，组织是否需要做出改变？应该如何改变？可能涉及哪些具体方面，比如工作流程、工作组织方式、组织结构等;③为了应对这些可能的改变,组织在任务特点与岗位设置上是否需要进行调整,如果是,都包括哪些可能的方面?

3. 关键岗位分析

到了岗位这一步,我们的分析更为具化。当思考过组织内部的变化,并将落脚点放于任务特点与岗位设置上的时候,接着就需要思考和分析为了匹配新的工作任务特点,这些新的岗位对任职者的能力提出了哪些新的要求?

总结来看,未来能力需求分析的脉络具有较强的逻辑性,分析的时候需要依次关注四方面的改变:一是外部大环境的发展趋势;二是组织结构/组织设计与任务特点;三是职位设置调整;四是新的能力需求分析。

第二节　能力评价方法

对组织而言,人才能力评价的过程不是一个简单的过程,没有哪一种评估方法或哪一项评价技术能够解决所有组织的能力评估问题。组织需要从评价目的出发,基于自身情况和资源,选择最合适的人才能力评估方案。比如 ABB 公司,能力评价基于人才的业绩与组织的全球领导力模型,采用的评估方法是"领导力发展评估",整个过程包括 3 小时的面谈、360 度评估以及 1 小时的反馈面谈;又比如 IBM 公司,对于人才的能力评价是以三年的业绩与基本能力和领导力为标准,采用方法有主管集体讨论和员工问卷调查;还有国内企业联想集团,其以业绩、成就动机、聪慧、学习能力以及前瞻力为标准,采用 360 度评估工具进行能力评估。

也就是说,在很大程度上,组织人才能力评价是基于组织需求的多种方法的组合评估。能力评估技术在人力资源管理领域中已经有了丰富的积累,在人员甄选、绩效管理以及培训开发等传统人力资源管理职能上都有充分的应用。能力评价的很多方法与技术大家都耳熟能详了，包括笔试、面试（比如结构化面试、非结构化面试、情景面试、行为基础面试、小组面试及压力面试等）、各类评测技术（比如管理风格测评、霍兰德职业兴趣测评、MBTI性格测试及领导力测评等）、管理者评价中心技术（比如无领导小组讨论、公文处理、演讲、角色扮演等），以及360评估等操作方法。鉴于人才能力评估多是围绕关键职位展开，本书在此选择几种适用于高级管理者或者专业人员能力的管理者评价中心技术予以介绍[①]。

一、无领导小组讨论

无领导小组讨论是指由一组应聘者（5—7人）组成一个临时工作小组，讨论给定的问题，并做出决策。其目的在于考察应聘者的表现，尤其是看谁会从中脱颖而出，成为自发的领导者。

无领导小组有自己适用的测试范围，当某职位需要应聘者具有以下几种类型的能力和个性特征时就可以采用这种方

---

① 彭剑锋著.战略人力资源管理[M].北京：中国人民大学出版社，2014:216.

法进行选拔：

（1）团队工作能力：包括个人沟通能力、人际交往能力、合作精神、组织协调能力等。

（2）问题解决能力：包括理解能力、逻辑推理能力、想象创新能力以及信息收集和提炼能力等。

（3）应聘者的个人风格：包括个人主动性、自信心、决断性和独立性等个人特质。

在无领导小组讨论中，评价者主要关注应聘者以下几个评价要点[①]：

- 发言次数的多少；
- 是否善于提出新见解和方案；
- 是否敢于发表不同意见；
- 是否支持或肯定别人的意见；
- 是否坚持自己的主张；
- 是否敢于打破僵局，首先发言；
- 是否善于消除紧张气氛或创造轻松气氛；
- 是否善于说服别人，调解争议问题；

---

① 孙健敏主编.人员测评理论与技术[M].长沙：湖南师范大学出版社，2007：234.

- 是否尊重他人；
- 是否善于引导和影响他人；
- 语言表达的流畅、准确；
- 分析问题是否透彻；
- 概括问题是否全面；
- 是否容易急躁，情绪容易激动；
- 语气、语调、手势是否得体。

无领导小组讨论作为一种有效的测评工具，和其他测评工具比较起来，具有以下几个方面的优点：

（1）能检测出笔试和单一面试所不能检测出的隐性能力或胜任力。

（2）能观测到应聘者之间的互动。

（3）能依据应聘者的行为特征来对其进行更加全面、合理的评价。

（4）能使应聘者在相对无意识中展示自己多方面的特点。

（5）能在同一时间对竞争同一岗位的应聘者的表现进行同时比较（横向对比）。

（6）应用范围广泛。

无领导小组讨论是一项技术性较强的人员测评技术，为确保其具有较高的信度和效度，在进行无领导小组讨论时有以下关键思考点：

（1）论题的内容。无领导小组讨论的问题应与目标岗位将面临的问题具有高度的相似性，即要求问题的现实性和典型性都要好，以达到最大限度的情境模拟，不但能够检测应聘者对目标岗位的了解状况，而且能够检测应聘者从事目标岗位的适合度。

（2）论题的难度。讨论的问题一定要一题多议、一题多解，有适当的难度。无领导小组这种测试方式，重在"讨论"。通过讨论，来观察和评价应聘者的各项胜任力，这种讨论不在于阐明、捍卫某种观点思想，而在于讨论过程中表现出的个人特质。

（3）角色平等。无领导讨论最大的特点就在于没有明确指定小组讨论中的领导。对于那些适用于角色分工的讨论题，讨论者本身对角色的分工在地位上一定要平等，不能造成应聘者之间有等级或者优劣的感觉。只有应聘者的地位平等了，才能有发挥自己才能和潜质的同等机会，评价结果才有可比性。

(4)考官参与度。考官在给应聘者提供了必要的资料、交代问题背景和讨论要求后,一定不要参加提问、讨论或是回答问题,以免给应聘者暗示。整个讨论过程考官可以在场或是回避,通过摄像机监测、录像,记录讨论的全过程。

二、公文处理

公文处理又叫"公文筐"测验,是评价中心技术中最常用、最具特色的工具之一(它在评价中心中使用频率为95%),它是对实际工作中管理人员掌握和分析资料、处理各种信息,以及做出决策的工作活动的一种抽象和集中。测验在假定的环境下实施,该情境模拟组织发生过的实际业务、管理环境,提供给受测人员的信息涉及财务、人事备忘录、市场信息、政府法令公文、客户关系等数十份材料。测验要求受测人员以管理者的身份,在规定的条件下,对各类公文进行处理,形成公文处理报告。通过应聘者在规定条件下处理过程的行为表现和书面报告,评估其计划、组织、预测、决策和沟通的能力。

公文处理这一甄选工具区别于其他工具的主要优点为:

（1）具有灵活性，可以因不同的工作特征和所要评估的能力而设计题目。

（2）可以对个体的行为进行直接的观察。

（3）将个体置于模拟的工作情境中去完成一系列的工作，为每个被试提供条件和机会相等的情境。

（4）它能预测人在管理上获得成功的潜能。

（5）多维度评价个体。

三、演讲

演讲是由应聘者按照给定的材料组织并表达自己的观点和理由的过程。通常，应聘者拿到演讲题目后有 5—10 分钟的准备时间。正式演讲控制在 5 分钟左右，有时演讲完毕后，主考官针对演讲内容对应聘者提出疑问或质询。

演讲能迅速比较应聘者的语言表达能力、思维逻辑能力、反应能力和承压能力等，具有操作简单、成本较低等优点，但由于仅仅通过演讲反映出个人特质具有一定局限性，因此演讲往往和其他形式结合使用，比如在无领导小组讨论结束后，可选派代表进行总结陈述等。

四、角色扮演

角色扮演是一种比较复杂的测评方法，它要求多个应聘者共同参加一个管理性质的活动，每个人扮演一定的角色，模拟实际工作中的一系列活动。例如，要求多个应聘者合作完成一种新产品的销售工作。这一活动要求经历前期策划、宣传、销售等一系列环节。小组成员间分工合作，有时可在同一时间安排几个小组对类似的产品展开销售竞争活动。这种管理游戏能够有效地考察应聘者的实际工作能力、团队合作能力、创造性、组织协调能力等，并且效度较高。

第三节　人才盘点会

既然人才管理"三能"模式是打造组织人才供应链,在完成能力需求分析与能力评价之后,需要由点到面勾勒全局,需要相关人员在组织层面上对人才能力情况做交流和讨论,梳理出人才能力的情况,这就是人才盘点需要完成的工作。经过这个过程,组织能够实现如下目的。

首先,有助于挖掘组织中的高潜力人才。在组织人才盘点过程中,管理者们会对组织中高潜力人才的素质和能力要项做充分的探讨,形成高潜力人才的标准共识,更好地把握自己管理领域中的人才潜能情况,同时通过互相之间的交流,还能了解组织整体的高潜力人才状况及其动态,比如可以统计高潜力人才在全部员工中的比例。对于各个部门来说,高潜力人才的人数以及所占比例是多少?从年份上来看,大概每年有多少高潜力人才参与到高潜力培养计划中,又有多少人从高潜力培养计划中被淘汰?

其次,有助于帮助组织建立人才梯队。基于人才盘点的情况,组织能够纵向把握关键岗位的人才流动趋势,为组织的人才梯队建立提供信息与支持,比如告诉组织哪些人才是已做好准备的职位继任者,哪些人才需要若干年的培养之后才满足继任者的条件要求。尤其是对于高管继任规划的制定,具有重要的意义和价值,同时对于人才培养也提供了可靠的决策依据。比如通用电气公司著名的人才盘点会议Session C,基于这一机制,组织源源不断地识别并培养出一流的管理人才。

最后,人才盘点还是帮助组织培养管理者的有效手段。参与人才盘点过程的各部门管理者,借此过程可以深度了解组织人才能力需求及现有的人才能力情况,有助于其识人、用人、培养人等技能的提升。

由此可见,鉴于组织人才管理工作的重要性以及战略意义,人才盘点是一项涉及组织上下整个范围、需要核心管理资源切实参与的工作,甚至可以认为,人才盘点是一项系统工程,前文所述能力需求的确定、能力的评估也属于盘点工作的重要组成部分,为组织了解人才能力情况提供了基础。本节内容在前两节内容的基础上,介绍组织如何召开盘点会议及其成果形式。

一、会前准备

1. 角色分工

组织的人才盘点对象聚焦于组织中的核心人才，以从中识别高潜力人才，明确组织人才梯队的相关情况，所以人才盘点不仅需要人力资源管理部门的参与，更需要从CEO到核心部门管理者的全面参与，只是他们各自的具体分工和讨论重点有所不同：鉴于人才管理的重要战略意义，CEO必须是该项工作的第一责任人；而核心部门的管理者对各自管理范围内的人才最为熟悉，信息收集分析最准确，而且对于人才盘点的结果也担负着具体落实的责任，所以在人才盘点过程中扮演着主导者的角色；人力资源管理从业者在此过程中，负责把控整项人才盘点工作的流程，在此过程中提供方法与工具，保证人才盘点工作的切实落地。

2. 所用资料

为了提高人才盘点会议的效果与效率，参与人员需要提前做好资料准备，在具体材料准备上，讨论参与人员与会议组织人员有不同的侧重。首先，作为会议讨论者，管理人员所需准备的资料包括但不限于以下几方面：

- 上一次人才盘点会议的落实情况；
- 组织结构及其可能的调整情况；
- 下属人员的能力评价结果；
- 岗位继任计划及其可能存在的问题；
- 关键岗位的人才梯队建设情况；
- 预期人才盘点工作的落实计划。

其次，作为会议的主持者，人力资源管理人员需要准备的资料主要是为了恰当地提出讨论议题，并在必要时做好引导与推进工作。不同企业情况不同，且需要紧跟会议进程做出调整，所以预先准备材料在实际应用中具有一定的灵活性，在此仅提出一些资料准备的思路：

- 如何引导讨论者聚焦关键信息的陈述；
- 如何在必要的时候，引导讨论者对一些专业词汇进行解释；
- 如何帮助出席者都能积极地参与到讨论过程中来；
- 在发生冲突的时候，如何提供一些标准或者规范来保证沟通的顺利进行；
- 如何把握会议进程，确保会议终极成果的形成。

二、会议过程

1. 会议的原则

- 客观真实：讨论并做出评价的内容必须有事实资料或数据为支撑；

- 开放全面：保证参与人都能畅所欲言，阐述自己的真实想法和观点，不狭隘不偏激；

- 保密：由于涉及人才评价等敏感信息并涉及行动计划的制定，所以对于人才盘点会议的内容参与者应有保密意识并落于实处；

- 务实：人才盘点的结果是要落于实处的，与组织其他职能直接挂钩，不能流于形式。

2. 讨论的重点问题

- 回顾上一次人才盘点计划的落实情况，总结所存在的问题，帮助参与者进一步明确本次的会议目的；

- 组织人才能力需求状况及其依据；

- 组织关键人才能力评估结果，以备讨论修正；

- 高潜力人才的情况，包括数量、质量、结构、组织分布等；

- 关键岗位继任计划及其修正；
- 组织人才盘点结果及其行动计划。

联想集团人才盘点会议实例[①]

当很多国内企业还不知道继任规划为何物时，联想集团已经持续7年开展了组织与人才盘点为核心的继任规划。这一工作可以追溯到2003年，当时对于如何做好这项工作，联想也不清楚，因为国内企业中没有可借鉴的经验，只好摸着石头过河。当时国家正在开"两会"，联想就用"两会"表示人才盘点：一是"述能会"，对照领导力模型让每位干部评价自己的优势与不足，并列举具体事例加以说明，然后让下属和同事当面给出反馈意见；二是"满桌会"，根据能力评价结果、业绩表现，预测和评价每位管理者的发展潜力，然后放入九格图，把有发展潜力的管理者甄选出来。到2004年春节前夕，把联想集团各个部门干部——上至总裁，下至处级经理——全部放入了

---

① 李常仓，赵实著.人才盘点：创建人才驱动型组织[M].北京：机械工业出版社，2012：39.

九宫格图里,把人才进行了完全的区分。对此,杨元庆曾评价为"这是人力资源部历史上完成的最具有战略意义的一件事情,为打赢战略转型的战役输入了最为重要的'炮弹'"。发展到 2005 年的时候,联想的人才盘点体系已经较为成熟,将"两会"确定为述能会与圆桌会。其中,"述能"是区别于"述职"而言。述职的核心是"业绩",是对照一个阶段的主要职责、任务有哪些,完成任务的情况怎样,完成任务好坏的原因何在,以及寻求进一步改进的办法。而述能的核心是"能力",指在一个阶段内自己行为上的优势、劣势是什么(用具体事件说明);对自己过去的能力发展进行总结,并分析自己今后的发展趋势和如何提升能力。联想集团规定总监级以上的管理者都要进行述能,从管理自我、管理团队、管理工作和管理战略四个方面向其上级进行个人能力的阐述。会议上除了自己的上级以外,还要邀请 4—6 名业务联系紧密的部门的同事或下属参加自己的述能会。在会上,管理者要以过去取得的工作成绩作为基础,对自己的能力状况进行系统总结,用典型事件清楚地把自己的能力优劣势展现出来,

> 提出今后的发展计划，形成述能总结。述能后，开始圆桌会。被述对象不参加会议，其上级、隔级上级、其他相关评价人参加，候选人的上级对候选人进行介绍，包括态度、品格、四项能力和工作业绩，在此基础上，评价小组就候选人的潜力进行评价，主要依据定性问题进行判断：想把事情做得更好的欲望如何；学习掌握新东西的愿望、快慢如何；头脑灵活程度、看问题的深度、站位高度怎样；前瞻预测、宏观规划能力如何。

三、盘点呈现

在人才盘点过程中，会由于盘点工作所处的不同阶段以及不同层次，在结果呈现上出现多种方式，比如有基于关键岗位的能力盘点结果呈现，有体现组织继任计划的盘点结果呈现，还有体现组织整体人才布局的盘点结果呈现。在此本书将进行一些简要介绍，并汇聚了一些组织的实例帮助读者更直观地理解。

1. 关键岗位人才能力盘点的呈现：九宫格图

九宫格图是区分和识别人才常用的一种形式，较为直观和生动，也是目前应用最为广泛的人才区分形式。一般会基

于能力 * 业绩、能力 * 价值观或者潜力 * 业绩的二维评估,将关键岗位上的关键人才纳入九宫格图,帮助企业了解组织人才能力的状况。我们以企业实例来看,比如联想公司的人才盘点九宫格图[①],是通过两个维度对人才进行区分:第一个维度是能力,指工作中表现出来的知识、经验和典型行为,依据当前的岗位标准将能力区分为三个层级(表 4-2);第二个维度是业绩,根据绩效目标,在过去一年内的绩效表现状况,一般把业绩表现分为三个层级(表 4-3)。

表 4-2　能力分级

能力等级	描述	评估方法
高:优秀/行为典范(比例上不多于15%)	领导行为出色,体现了公司的核心价值观 领导能力突出,有效地辅导了他人 能够面对挑战与复杂情形,持续超越	360 度评估 组织氛围调研 领导风格测评 日常观察 行为事件访谈法 情景模拟测评
中:良好	领导行为较理想,能够持续达到部分领导力标准的要求,或者达到了对其岗位的领导行为期望	

[①] 李常仓,赵实著.人才盘点:创建人才驱动型组织[M].北京:机械工业出版社,2012:64.

(续表)

能力等级	描述	评估方法
低:待提高 (比例上一般为10%)	有时会展现理想的领导行为,但没有达到领导力标准要求,需要提升领导力	

表4-3 业绩分级

绩效等级	描　述
O—杰出	业绩表现持续超过绩效目标
S—符合要求	业绩表现持续达到绩效目标
I—需要提升	业绩表现没有达到绩效目标或绩效期望,需要提升业绩表现

根据两个维度,把人才区分成九大类,就形成了九宫格图(表4-4)。

表4-4 人才盘点九宫格图

		业　绩		
		需提升	符合要求	杰出
能力	高:优秀	6个月内可提拔人员 (7)	需进一步提升绩效 (8)	当前需要提拔的高潜力人员 (9)
	中:符合	发挥优势,提高绩效 (4)	进一步提升绩效和能力 (5)	发展更高级的能力 (6)
	低:待提升	降职或辞退 (1)	纠正其行为表现 (2)	经验丰富的专家 (3)

2. 体现组织继任情况的人才能力盘点呈现继任计划图与人才库

上述九宫格图是基于能力现状的盘点结果呈现,当加入潜力指标并纳入组织结构图中后,就可以呈现组织关键岗位的人才继任情况,能够帮助组织更好地控制人才的稳定度以及为空缺岗位做好人才补充的准备(图4-1)。

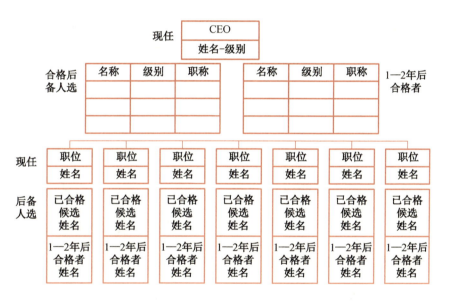

图4-1 组织继任计划

将组织各部门各层级的继任计划整合起来,就可以帮助组织构建出人才库,此概念指组织所有后备人才的积累情况。一般来说,可以将纳入人才库的员工看作是一批组织准备予以培养提升的员工；或者是向上提升，帮助他们走到组织指挥链更为上层的位置；或者是横向发展，帮助他们获得更广泛的知识、技能和能力，在现有岗位或平级岗位上能够解决更多不同的问题。人才库中的成员与库外成员的差别在于，库内的成员往往会被组织加速培养，获得较大的资源投入和更多的发展机会。组织在不同层级都可以建立对应的人才库，由此形成组织的人才梯队。

3. 体现组织全局人才分布的盘点呈现：人力资源仪表盘①

仪表盘是与某个程序或项目相关的一系列关键指标的可视化呈现。人力资源仪表盘关注的是与人有关的指标表现，将这些指标的数据以柱状图、饼状图或雷达图等形式呈现。指标有：雇佣的人员数量；辞职的人员数量（自愿流失数量）；被裁掉的人员数量（非自愿流失数量）；高潜力员工占总体员工的比例；高潜力员工辞职的人数占总体高潜力员工的比例（关键流失率）；留任的高潜力员工数量；正在进行个人发展规划的员工数量；已经完成个人发展规划的员工数量；内部晋升

---

① [美]威廉·罗斯维尔著.李家强,陈致中译.高效继任规划：如何建设卓越的人才梯队[M].南京：江苏人民出版社,2013：268.

相对于外部雇佣的比例;预定的接班人中,最后成功晋升的比例(命中率),以及没有合适接班人选的职位或人员数量。需要注意的是,仪表盘一定要以图像化的方式呈现,保持随时更新,并要聚焦于最重要的指标上。指标虽然不多,但是每一项都至关重要,需要与工作本身的可衡量目标紧密联系。

SZ 公司基层管理人员人才盘点方案设计

一、盘点对象

SZ 公司全体基层管理人员。

二、人才盘点流程设计

(1) 确定评估内容及维度:根据公司已有的胜任力模型,确定此次人才盘点的评估内容及维度;

(2) 确定评估方法:根据选定的评估内容及维度特点,选择相应的评估方法;

(3) 项目启动大会:召开项目启动大会,在公司范围内进行项目宣贯,确保盘点工作的顺利开展;

(4) 盘点实施:按计划实施此次人才盘点工作;

(5) 形成盘点结果:根据测评情况得出盘点结果,形成各项盘点报告;

(6) 盘点结果应用:综合运用此次盘点结果,使盘点工作落到实处。

三、人才盘点评估内容及维度

1. 人才盘点评估内容（表4-5）

表4-5　人才盘点评估内容

管理行为 受管理能力影响（包括管理胜任力、管理风格），实际表现出来的外显的管理行为		360评估 （外在行为）
管理胜任力 考察管理人员胜任力水平，包括（能力、性格、意愿）	can 能不能	测评 （内在特质）
	fit 适不适应	
	will 愿不愿意	

2. 人才盘点评估维度（表4-6）

表4-6　人才盘点评估维度

类别	维度
管理自我	追求卓越、适应转变、抗压能力
管理他人	影响说服、激励他人、培养下属
管理事务	规划安排、任务分配、监察反馈

四、评估方法

1. 管理胜任力

通过采购专业的测评公司测评系统开展网上测评，测评基层管理人员的胜任力水平。

2. 管理行为

通过360°行为评估方式，开展线上或线下自测、他测（上级、平级、下级），了解管理人员的行为表现情况。

五、项目启动大会

召开由公司主要领导、人力资源部和各单位领导及盘点对象参与的项目启动大会,宣贯此次盘点的意义及作用,介绍盘点的维度、方法和流程等各项内容,强调此次盘点的严肃性和重要性,从而确保盘点的顺利实施。

六、评估实施

借助专业测评公司的力量,运用系统工具开展此次盘点项目。在实施中主要确保盘点对象和其上级、平级及下级能够认真进行相关个人测评及360°行为评估,以保证盘点结果的真实性和有效性。

七、形成盘点结果

通过开展上述评估,根据胜任力和行为表现情况,形成基层管理人员胜任力测评结果(图4-2)。

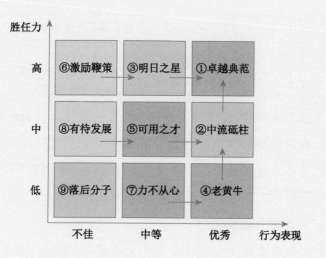

图4-2 基层管理人员胜任力测评结果

根据管理人员所处的结果区间,深入了解公司基层管理人员胜任力情况(表4-7)。

表4-7 基层管理人员胜任力情况

序号	类型	特征
1	卓越典范	具备的胜任力、特质能高度胜任目前的岗位,且表现优秀
2	中流砥柱	在目前的岗位上表现优秀,胜任力水平中等
3	明日之星	具备的能力、特质能高度胜任目前的岗位,但表现中等
4	老黄牛	在目前的岗位上表现优秀,但胜任力水平较低,可提升的空间小
5	可用之才	在目前岗位上表现中等,胜任力也中等
6	激励鞭策	具备的能力、特质能高度胜任目前的岗位,但却表现不佳
7	力不从心	在目前的岗位上表现中等,胜任力水平低
8	有待发展	表现不佳,胜任力中等
9	落后分子	胜任力低,表现不佳

根据上述内容,最终形成公司各类基层管理人员测评报告,为公司及各单位提供管理人员选育用留的决策参考和数据支持,为管理人员个人自我提升及发展提供参考建议。主要如下:

(1) 公司基层管理人员素质能力情况报告(为公司开展管理培训提供数据支持);

(2) 公司基层管理人员分类情况报告(为公司进行管理人员选用提供决策参考);

（3）各单位管理人员素质能力报告（为各单位进行管理人员选育用留提供决策参考）；

（4）管理人员个人素质能力报告（为管理人员自我提升及发展提供参考建议）。

八、人才盘点结果应用

通过基层管理人员人才盘点，进一步加强管理人员管理的针对性，不断提高基层管理人员素质能力，促进公司基层管理水平提升。具体结果可应用在如下方面：①为管理人员选用提供较为科学的决策参考；②为管理人员的培训发展提供数据支持；③根据测评结果，对不同管理人员的不同情况采取不同的人才策略或管理措施。

（资料来源：肖鹏.SZ公司基层管理人员人才盘点方案设计[J].企业改革与管理.2017,3:73.略有改动）

请结合案例内容，思考如下问题：

1. 请根据所学知识，总结提炼SZ公司人才盘点工作的关键环节与要点。

2. 请根据所学知识，找出SZ公司目前人才盘点设计中的主要问题，并提出改善建议。

第五章 人才能力建设之提升

人才管理的"建能"关键在于"能力建设",第四章人才盘点的工作帮助企业了解组织能力的基本情况,尤其是组织人才能力缺口和提升要点得以明确,那么接下来就需要解决通过何种方式缩小差距、提升组织人才能力的问题了,这也是本章的主要内容。主要分为两节内容展开:第一节是有关能力提升的策略思考;第二节是一些具体的方法介绍。

"三能"模式：打造组织人才能力供应链

知识重点

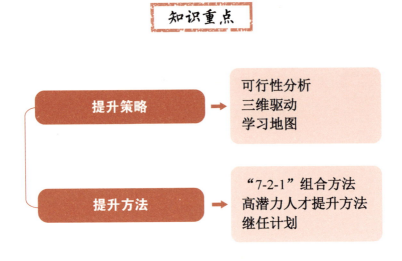

第一节 人才能力提升策略

人才能力提升的具体落实需要考虑很多方面：首先，从主导角色上来看，哪些能力要项的补缺与提升是组织主导的，哪些又是依靠个人力量来实现，组织在决定"建能"之前，要对能力建设的可行性进行分析，找准自己的定位；其次，"建能"也是一个外因通过内因起作用的过程，组织人才作为能力建设的主要载体，为了督促他们真正投入到能力提升的过程中去，需要考虑哪些驱动力量；再次，具体到落实过程中，为了帮助

第五章 人才能力建设之提升

人才明白自己的能力定位与提升走向，有效的能力提升需要提供给人才一个全局指引的资料，同时也是组织对自己培训开发活动的梳理和呈现，这一点可以通过学习地图来实现；最后，虽然组织能力建设的重点是内部能力供应链打造，但在实际管理中，外来人才的引入也可以看作人才能力提升的途径。

一、可行性分析

组织人才的能力提升有多种途径，有可能是通过对现有人员的培训开发而实现，还有可能是需要员工的自我学习才能解决，除此之外还有可能在现有人员无论如何培养都无法满足组织的能力需求的情况下，组织需要引入外来人才。所以能力提升的可行性分析一方面要基于组织情况，从能力要项的重要性及组织培养的可能性上进行分析；另一方面要考虑具体的人员情况，因为虽然人才管理"三能"模式强调的是组织中的"能力"，是组织发展的一种核心力量与重要源泉，但落于实践，承载这些能力的还是每一个实实在在的个体，是组织中的人员，所以组织中人才能力的补充与提升问题，要基于员工的实际，了解员工的职业发展诉求与规划。

1. 组织角度的二维分析

组织角度的可行性分析主要考虑两个影响要素：一是提升的能力要素本身是否重要；二是分析组织培养的可能性大小。这两个要素可以作为组织可行性分析的两个维度，据此形成四个象限，不同的象限对应不同的能力补足或提升策略（图 5-1）。

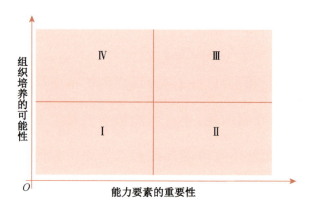

图 5-1 能力提升可行性分析（组织角度）

如图 5-1 所示，在象限 Ⅰ 中，能力要素的重要性低、组织培养的可能性低，处于该象限的能力要素以员工的自我提升和自我学习为主；在象限 Ⅱ 中，重要性高、可能性低，该象限的能力要素很难通过培训提高，所以需要依靠人才引入来解决；在象限 Ⅲ 中，能力要素重要且培养的可能性高，该象限能力要素需要重点培养，组织应该配备好的师资力量、采取综合培训手法；在象限Ⅳ中，能力要素的重要性低，培养可能性高，该象限能力要素可以采取小规模的集中培训方式。

2. 个人角度的员工发展规划

员工是组织能力提升的主要载体，所以需要从员工角度梳理其能力培训与开发的需求点，以有效激活员工个体的能力提升意识并予以引导，这也可以看作是员工发展规划的制定过程。员工发展计划指基于组织目标与员工发展需求，双方共同制订一系列员工能力提升的计划与时间表，使员工分阶段、有步骤地逐渐学习和开发出所需要的能力。组织的能力需求前文已有众多阐述，此处主要侧重员工发展诉求的收集和整理，可以采用填写调查表并结合面谈对话的方式，收集的信息包括但不限于以下方面：员工在组织中的基本信息、主要工作经历、个人优势与劣势总结、职位发展目标（如未来一定时期内的期望职位、工作地点、薪酬等）、技能与能力发展目标、希望从事的工作项目（或者是承担的任务）等。

二、三维驱动

了解了能力提升的可着眼点之后，为了保证能力提升的有效性，组织在采取相关实践之前，需要从员工接受和参与的角度,思考可能的驱动因素。在此本书介绍三个:第一个是内容驱动,即培养开发的项目设计具有很好的能力针对性,实际效用会吸引人员愿意参与并真正投入;第二个是来自组织的外力驱动,这里主要指高层领导的重视,包括高层对能力提升的理念号召与实际参与;第三个是人才的内在驱动,激发员工解决问题和创造价值内在诉求,才能让其全情投入,提升实效。

1. 内容驱动:分对象分类别、针对性强的项目设计

能力提升的项目设计需要具有很强的针对性与实用性。所以对于整体员工、直线管理者、职能管理人员以及高层管理者,所对应的培训与开发内容是不同的。组织需要基于人才的能力短板或未来发展需求,切实找到能力提升要项,明确提升的目标,再来展开培训开发。特别是对于一些关键人才或核心人才,有必要花心思和精力开展针对性的培养,其个人发展计划需要针对特定的学习领域,以帮助他们在组织中承担新的和更大的责任。由此,才能避免培训开发流于形式,也更容易得到人才的配合与实际投入,能力提升的实际效果才会更有保障。表 5-1 即为一些公司的实例。[①]

[①] 杨国安著.组织能力的杨三角:企业持续成的秘诀[M].北京:机械工业出版社,2016:139.

表 5-1 分类别分层次的能力提升项目

公司	基层员工	新经理	经理人的管理者	高层经理
IBM	针对未来领导人的 3 个培训项目 ● 领导人基础培训（个性化学习 + 辅助式学习 + 领导教领导） ● 领导人准备项目（在线学习 + 面对面的学习） ● 明日之星领导力发展课程（商业模拟课程 + 个性化学习 + 学习实验室 + 高级主管分享）	● 新领导人的基础培训（360 度领导力问卷 + 学习实验室） ● 新领导人的快速培训（在线学习 + 2 天的学习实验室）	● 领导力发展模块（辅助式学习 + PARR 方式） ● 针对中层经理的战略匹配模块（为期 2 天的实验室）	新高层经理的加速学习项目 ● 针对新加入 IBM 的高层经理的培训项目 ● 针对高潜力的高层经理的 ADEPT 项目 ● 整合和价值核心团队培训项目
惠普	● 新员工培训（3 个月导师计划）	● 基础管理培训课程（6 个月）	● 短期课程以帮助经理了解他们的新角色	● 高层经理培训（8 个月）

(续表)

公司	基层员工	新经理	经理人的管理者	高层经理
ABB		● M1：新经理培训课程（课堂学习＋在线学习＋个人项目）	● M2：成功领导力和管理课程（课堂学习＋360度反馈＋团队项目）	● 国际联盟项目（课堂学习＋行动学习项目）

2. 外力驱动：高层领导的重视

人才管理体系的有效运转，离不开高层的关注与切实投入，能力提升的工作也是一样，这种投入不是场面上讲讲话鼓鼓气号召一下，而是切身的投入，既然人才对于组织有战略价值，人才能力提升是组织发展的生命力，那么高层领导就要从行为上真正反映出这一点。有些企业可能会觉得：我们已经花了大价钱去请咨询顾问或者是行业专家来支持，还需要内部这么大的投入吗？答案是肯定的。无论是咨询顾问还是学者专家都无法替代高层在企业人才能力提升培养中的关键作用。高层领导的参与方式，可以是在培训项目中的某些内容模块中承担讲师工作，与人才分享自己的成长经历或工作经验，这不仅能够让人才从高管身上学到知识与经验，更能够感觉到组织对人才能力提升的重视，给

第五章 人才能力建设之提升

人才培养和开发工作带来积极的长期影响。比如国内京东集团的董事长兼 CEO 刘强东就主导开发了一个管培生项目，提出"五星自我管理法"，在人才培养开发中取得了很好的实效。

3. 内在驱动：内容重于形式，动机压倒一切

基于高科技的发展，尤其是互联网的应用，各个领域都萌生出很多具有科技含量的在线工具，能力提升领域也是如此。假设已明确在组织中人才的能力提升点，那么当他们想去学习一些东西的时候，完全可以突破空间限制与固定的时间限制，无论是工作之余自己自发自觉的能力提升，还是公司提供的学习机会，有太多的资源与方式了，比如各种在线课程（慕课、微课、知识付费）、在线模拟、工作坊、提升班……资源多元化，形式多样化，简直让人眼花缭乱。但对于组织的能力提升来讲，形式只是为这项工作提供便利与更多可能性的手段，核心还是在于内容，不要让花哨的新手法冲淡了能力的主题，要有针对性，能够联系实践，提高解决问题的能力，这一切都是强调实效的，绝非表面文章。在这个问题上，进一步思考，其实不难明白，能力提升工作的有效性，从作用机制上来看，还是人才的内在动机，这是实实在在的、能够发生作用的驱动

力。如何增强人才提升能力的驱动力？在这一点上，海尔集团董事长张瑞敏的一个观点很有启发，他是这么说的："不是我要去教育员工，或者为员工提供什么培训，而是把员工并联到一起，让他们直接接触用户，去市场上寻找用户价值，去市场上寻找自己的定位。换句话说，不是我来教育培训员工，而是让用户教育培训员工。"也就是说，真正的驱动力，来自市场的挑战，来自客户的压力。

三、学习地图

学习地图可以看作是一个组织的人才能力培养的总路径，是组织为员工能力提升而设计的一系列培训开发活动及流程的可视化体现，分层分类地展示了员工在不同发展阶段的能力提升目标及措施。依据学习地图，员工便于了解和理解组织的各类培训课程与开发活动及其逻辑关系，帮助员工找到自己在能力提升过程中的定位及走向，更好地展开自我学习及参与企业的培训开发活动，对人才职业规划的制定与落地起到推动作用。

学习地图的构成要素一般包括以下三方面，如图 5-2 所示。

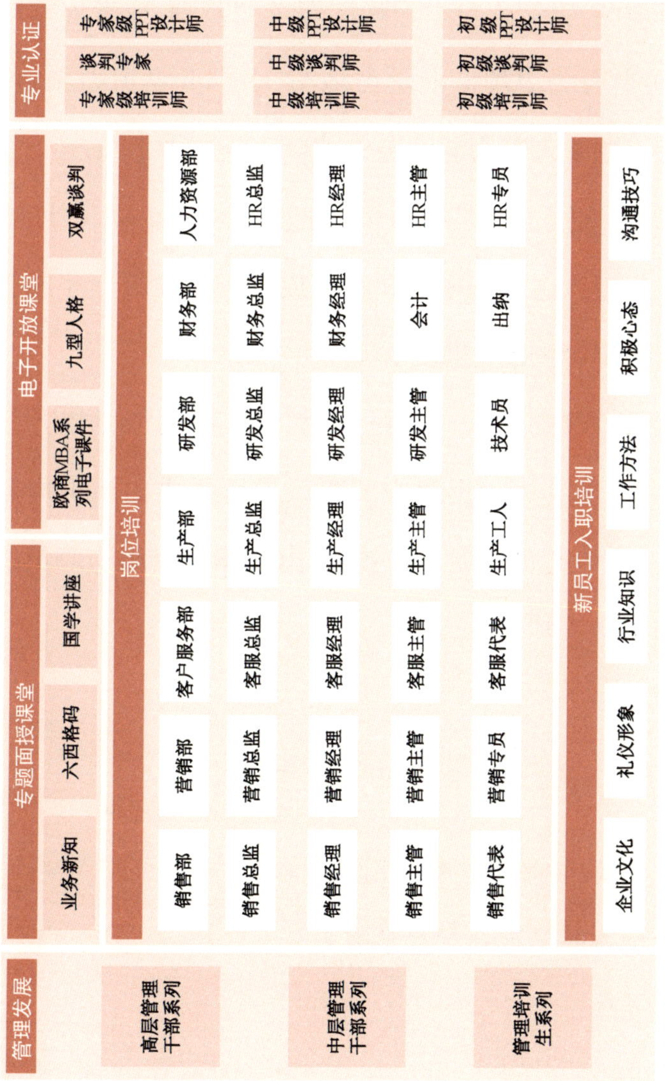

第五章 人才能力建设之提升

管理发展	业务新知	专题面授课堂		岗位培训	电子开放课堂		新员工入职培训	专业认证
		大西格码	国学讲座	欧南MBA系列电子课件	九型人格	双赢谈判		
高层管理干部系列	销售部	营销部	客户服务部	生产部	研发部	财务部	人力资源部	企业文化 / 礼仪形象 — 专家级培训师 / 专家级谈判专家 / 专家级PPT设计师
	销售总监	营销总监	客服总监	生产总监	研发总监	财务总监	HR总监	行业知识
中层管理干部系列	销售经理	营销经理	客服经理	生产经理	研发经理	财务经理	HR经理	工作方法 — 中级培训师 / 中级谈判师 / 中级PPT设计师
	销售主管	营销主管	客服主管	生产主管	研发主管	会计	HR主管	积极心态
管理培训生系列	销售代表	营销专员	客服代表	生产工人	技术员	出纳	HR专员	沟通技巧 — 初级培训师 / 初级谈判师 / 初级PPT设计师

图 5-2 某企业学习地图

第一,类别划分。比如组织可以根据专业分工不同,在学习地图中体现出销售人员学习地图、生产人员学习地图、采购人员学习地图、客服人员学习地图等类型差别;或者根据职能任务的差别,分为单项专业学习地图、多专业学习地图、管理岗位员工兼顾管理能力与业务专业学习地图等。

第二,层次划分。组织的学习地图体现一个路径特点,可以从员工新进入组织的较低层级到成为组织顶级专家或管理人员的较高层级的能力提升全路径。

第三,手段与方法。在每一类别与层次的能力提升任务点上,学习地图会标示出组织所建议或所提供的培训内容与开发活动,也包括自我提升的要点,由此体现出组织对员工能力提升的资源支持。

学习地图的企业实例[①]

1. 国航领导力学习地图

该企业的学习地图整体覆盖五类人群,从管理培训生

---

① 李常仓,赵实著.人才盘点:创建人才驱动型组织[M].北京:机械工业出版社,2012:512.

到总经理五个层级,每个层级的新任期、在岗期、提升期都设计了不同的培养项目。采用混合式学习模式,包括测评、行动学习、在线学习、教练辅导、导师、面授等方式,以及四类关键活动:班子发展会(班子建设)、战略研讨会(战略制定)、人才盘点会/发展反馈(团队塑造)、绩效干预会(价值创造)。如图5-3所示:

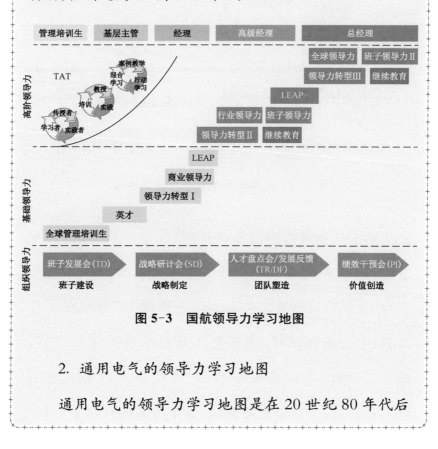

图 5-3　国航领导力学习地图

2. 通用电气的领导力学习地图

通用电气的领导力学习地图是在 20 世纪 80 年代后

期,针对领导力开发问题,由密歇根大学诺埃尔·迪奇教授带领构建,并不断完善至今,如图5-4所示。

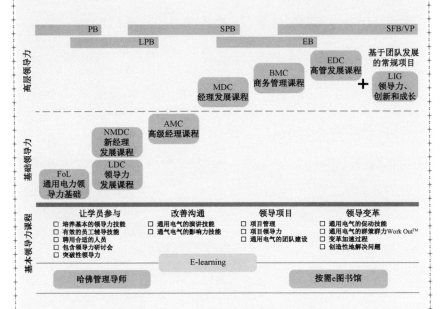

图 5-4 通用电气的领导力学习地图

该学习地图的内容包括:①领导力基础:针对高潜力的,同时表现出领导责任的个人贡献者。通用电气有60%—70%的员工都会上这个课程;②新经理发展课程:针对新任经理,通用电气的全球通用课程;③高级经理课程:有一定经验的,或通过并购新进入通用电气的经理;④经理发展课程:晋升为高级经理者参加;

> ⑤商务管理课程：针对某项业务的某一大洲的 CEO 级别经理人，从全世界范围里面挑选高管参加培训，需要公司副总裁提名；⑥高管发展课程：领导力课程体系中最高级别的课程，针对公司级高管，从众多候选人中选拔。

四、外来思路

在前文能力提升可行性的分析部分曾提到，组织人才能力提升还有一种途径，即在现有人员无论如何培养都无法满足组织的能力需求的情况下，组织需要引入外来人才。虽然此做法不属于传统的人才培养开发的内容，但是从组织角度的人才能力提升的意义上看，确实是必不可少的路径选择。这项工作的开展有很多具体的方式，在此本书仅从被动吸引与主动购买两个方面分享一些看法。

1. 打造人才吸引平台

指的是组织可以突破传统"科层式组织"的限制，引入"平台思维"，打造生态型组织。由此，组织改变以往被动在一个小范围内寻找玩转资源的方法,换做在一个更大的范围内寻找资源,不拘泥于非得在自己的体系内建立人才培养与发展系统。而且,这种人才的引入与传统的招聘配置工作也不同,更确切地说应该是做好对人才的"吸引",类似于"筑巢引凤"或者"草种好了,马儿自来"的思路。简而言之,就是开放原有组织较为封闭的机制,提升组织平台的吸引力,以一个更高的目标与更好的资源支持去吸引人才,合适的人愿意且能够进来,不合适的人能够淘汰出去。

2. 直接外购人才

本书一直在强调,打造组织内生能力供应链是具有战略意义的事情,尽管如此,我们也不是要求组织一条路走到黑,完全杜绝外来人才的引入。读者不难发现,其实上述的平台打造,就是引入人才来对组织内部能力进行补充的思路之一,只是化主动争取变为被动吸引。既然有被动,就对应着有更为主动的方式,即直接外购人才。组织一般在哪些发展阶段,对人才的需求可以通过外购的方式"挖"来?主要有两个:第一个是组织步入战略转型时期,企业计划实施新的战略,进入新业务领域、迈入新的海外市场或者拓展新的客户群的时候,公司现有的人才却不能满足战略需要,此时能够较为快速满足人才能力缺口的方式就是"挖"人才过来；第二个时期是迈入高速增长的阶段，组织自身的人才培养力量跟不上，必须从外部大量招聘人员才能跟上业务发展的步伐。

第二节　人才能力提升方法

组织"建能"的目的在于实现组织的可持续能力提升,为了达成这一目的,人才能力提升要把握三个重点:第一,强调实践应用,要能够解决组织经营与发展中的实际问题;第二,注重高潜力人才的能力开发与提升;第三,注重组织人才能力的可持续发展。基于此,本节内容首先基于"70-20-10"法则,按照重要性与实际价值,选择了一些能力提升方法做介绍;其次,针对高潜力人才的特点,介绍了可用于这部分人员的一些能力提升方法;最后,为了保证组织人才能力的可持续发展,从继任者计划的角度入手,对相关内容做一简要介绍。

一、"7-2-1"能力提升组合拳

在关于成年人的能力提升效用上存在一个"70-20-10"

法则，指的是能力提升效用的70%需要通过实践获得，可称为"实践导向"的能力提升方法，有多种落地方式，比如参与特定的工作项目、承担特定的工作任务、接受组织的外派、岗位轮换、行动式学习等；20%的能力提升效用来自向他人的学习，可称为"扶持导向"的能力提升方法，比如可以通过接受导师或教练的指导、直线领导的工作反馈、服务对象的评价以及针对某个问题的小组研讨等方式来学习；而最后的10%才是由传统的课堂面授或远程学习等方式实现，可称为"传授导向"的能力提升方法，一般是针对较为基础的知识与技能学习。对于这些方法，组织在管理实践中很少单一应用，而是根据学习地图采取合理的方式进行组合，鉴于能力提升效用的大小差别，本书选择几种做简要介绍。

1. 轮岗：以经验发展的方式培养后备人才

轮岗是企业内部有组织、有计划、定期进行的人员职位调整。轮岗是为员工提供跨业务部、跨地区、跨职能的工作机会，是保持员工能力提升与持续成长的有效手段。轮岗的人才能力提升方式一般来说更适用于较为大型的企业或成长较快速的企业,因为此类企业一般职位设置的数量或类别较为丰富,岗位上的技能也具有多元化特点,为轮岗和能力提升提供了基础。反过来讲,此类组织对人才能力的需求也比较高,采取轮岗措施也具有一定的必要性。不少企业组织在轮岗上有较为丰富的管理实践:比如壳牌公司,在毕业生发展计划里,公司鼓励将个人发展与公司需要相结合,提供给毕业生一系列的职位锻炼机会,以使其积累多方面的工作经验[1];又比如以下丰田与联想公司的管理案例。

丰田公司的轮岗实践[2]

轮岗一直是丰田引以为自豪的一种人才培养方式,提倡员工技能多样化,通过岗位轮换来培养员工的多技能,提高作业者的能力,让他们追求有价值的工作,并且有助于员工之间相互理解作业内容,更好地互相帮助;对

---

[1] 彭剑锋,刘坚.百年壳牌:石油业中的"贝壳"神话.北京:机械工业出版社,2010:152.

[2] 白洁,周禹,刘书岑.丰田传奇[M].机械工业出版社,2010:278,279.

于员工来说,这也是职业发展的主要渠道。在丰田,员工能力高低的一个重要的评价要素就是能胜任岗位的多少。你胜任的岗位多,说明你的工作复杂程度高,工作能力强(表5-2)。丰田通过轮岗的方式培养一线操作人员中的多功能工,即可以操作多种机械的员工。这种方式的轮岗主要经过以下几个阶段(图5-5)。

表5-2 丰田公司的岗位胜任表

NO	工序名、作业内容	姓名				
		崛切	小泽	田中	原田	狩野
1	装载发动机					
2	装载Rr后桥					
3	安装排气管					
4	安装轮胎					

评审

完全不会　会一些　大致会　一个人可独立作业　可以传授给他人

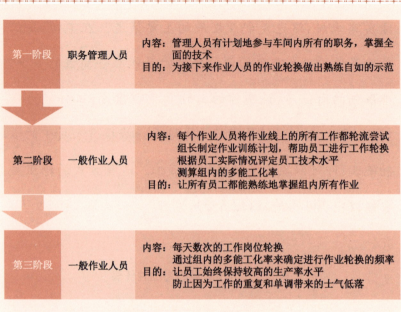

图 5-5　丰田公司的轮岗实践

联想公司的轮岗实践①

联想集团提倡以经验发展的方式培养后备人才,认为绝大多数学习和发展都发生在工作中,最好的发展方式是基于经验或实践的发展,因为晋升不仅仅依靠潜力,还必须考虑经验,这样做能够保证管理者用最短的时间适应新的岗位,

---

① 李常仓.人才盘点:创建人才驱动型组织,北京:机械工业出版社,2012:157.

缩短胜任时间。联想轮岗的基本原则有：上轮下不轮。如果上级轮岗，则下级不能轮岗，反之亦然，相隔时间至少半年；轮岗人员需要满足下列条件之一：高绩效员工；高潜力员工；被列为后备培养对象。轮岗人员的职责定位于新岗位，原岗位的职责不再保留，目的在于使其承担责任，保证轮岗效果的达成。在2009年，为了让轮岗更有针对性，联想人力资源针对公司高级副总裁进行了深度访谈，识别出一个基层管理者成长为高层管理者必须有如下九种能力提升经历，如表5-3所示。

表5-3 高管必备的九种能力提升经历

经验类型	典型岗位	解释
前端	销售、营销、一线服务	有直接的客户界面类的岗位，了解客户对公司业务的直接感受，体验业务增长的压力，了解公司战略对一线究竟意味着什么
后端	职能类、产品研发类	非客户界面类的岗位，作为公司内部运营的一部分，了解业务协作，提升服务意识等
损益(P&L)	区域总经理、地区经理	负责价值链端到端的所有环节，完成价值创造的全过程，既掌握资源，也要对业务损益负责

(续表)

经验类型	典型岗位	解释
扭亏为盈	亏损企业总经理	面对业绩下滑,在时间压力下完成对组织、团队、个人方面的困难决策,考验个人毅力
新市场开拓	区域总经理、新产品市场负责人	根据对市场机会的判断,策略性地通过多种途径,与当地政府、企业打交道,获取或储备关键的资源,以多样的市场策略,发展更多的客户
国际外派	海外岗位	长期或短期国际外派
带团队	高级经理、副/总经理	管理一个团队,有多个下属;或者管理多个团队,平衡每个团队间的需求
全球项目	商务谈判、兼并收购	完成跨区域、跨职能的项目,持续时间超过一年,如主持或作为主要成员参与重大项目的商务谈判、招投标
总部战略岗位	战略规划、人才培养	在总部担任负责全局性工作的岗位,具有战略价值,要求全球视野

需要注意的是,虽然一般意义上的轮岗都是在组织内部进行,但为了满足组织发展对人才能力的进一步诉求,轮岗也有一定的突破与创新,比如超出组织范围的轮岗,与组织之外

价值链上的企业做人才互换。比如可口可乐中国区就有类似的管理实践①，作为内地总经理储备人才培养的高潜力员工在财务、采购部门工作四年之后，会有机会被安排去香港的装瓶厂工作一年，在那里带领70名员工承担销售发展的工作任务。这些跨价值链的工作机会使人才的能力得以快速提升，对公司业务有更全面的了解，也能在未来为公司创造更多价值。

2. 行为模式发展法

行为模式发展法是提升领导力的一种方法，其根据心理学的研究设计，特点在于强调领导行为的改善。这与观念的改变和知识的增长不同，该方法的目的是要帮助受训者形成新的领导行为，所以强调模仿与练习。行为模式发展法的主要操作是：当受训者面对一项新的提升能力要项时，要了解到该能力所对应的行为要求，然后根据培训师所提供的示范来进行具体的步骤操练并取得反馈，之后在实际工作中予以应用。步骤如下：

（1）介绍新的能力要项；

---

① 杨国安.组织能力的杨三角：企业持续成功的秘诀[M].北京：机械工业出版社，2016：148.

(2) 针对能力要项讲述相对应的行为及要求；

(3) 培训师对具体行为做出示范和讲解评判标准；

(4) 受训者进行模仿练习并接受反馈，此过程可予以反复直到达标；

(5) 情景模拟，在行为练习达标之后，培训师可设计虚拟情景让受训者尝试应用新学到的行为；

(6) 受训者做培训总结；

(7) 回到实际工作岗位上之后，尝试应用所学能力解决实际工作问题。

3. 行动学习①

行动学习法产生于 20 世纪 50 年代，由英国国际管理协会（International Management Center）主席烈·睿文（Reg Revans）创立，又称"干中学"，就是在行动过程中学习，即通过让受训者参与一些实际工作项目，或解决一些实际问题，以此发展员工的能力。这些项目或者实际问题包括领导企业扭亏为盈、参加业务拓展团队、参与项目攻关小组，或者在比自己高好几等级的卓越领导者身边工作等。行动学习包含了一些

---

① 彭剑锋著. 战略人力资源管理[M]. 北京：中国人民大学出版社，2014：273.

独特的学习理念:它认为学会学习是个人发展中最为重要的因素,行动的过程就是学习的机会,同时要关注以往经验的总结与反思。通过对过去事件的理解,在掌握知识技能的前提下,不仅要能指导、会行动,而且要能从深刻的反思中获得经验提升,使个人通过反思和体验过程获得能力提升。

行动学习法具有如下基本特征:第一,实践是学习的媒介。在行动中学习,在学习中行动。行动学习最突出的特点就是实践性,不仅仅要根据实际情况提出问题,更要提出行之有效的方案解决问题,行动学习的参加者就是行动的执行者。行动学习的参与者要基于对经验的反思,在分析问题、解决问题的过程中反思并相互质疑,找到有效办法并付诸行动。第二,小组学习方式。行动学习强调学习是一个团体活动的过程,行动学习小组是有效的学习媒介。小组具有学习交流、激发思考、澄清问题、提供支持和批评意见等多项功能。成员在小组内向其他人陈述问题并寻求反馈,其他成员作为支持者、倾听者、观察者、协商者和提问者,帮助陈述者探索问题和形成新的行动要点。第三,全程无专家指导。在行动学习中,没有人知道答案,为了寻找答案才开始在一起并互相学习。第四,专注于提问问题,而非急着提供解决方案。行动学习法强调提出有效的问题,在提问中学习,参与者不但可以学习系统性知识,更重要的是能够学到如何学习。第五,自我发展和组织发展的结合。既能解决当前问题,又能发展提高参与者解决问题的能力,组织由此获得显著的长期效应。第六,持续性。行动学习是一个循环往复、永无休止的过程。通过找问题—反思—行动—再找问题—再反思—再行动,不断重新聚焦,将问题化整为零,大问题分拆为小问题,大目标分解为小目标,先易后难,突出重点,循序渐进,不断推动认识的深入,不断促成问题的解决。

我国培训机构开展行动学习项目时,通常遵循以下几个步骤:

(1)确定问题。由培训机构与组织商议,确定组织中需要解决的现实问题。问题的解决能够给组织带来显著的收益并为参与者带来学习和发展的机会。

(2)组建小组。行动学习的小组(团队)一般由4—8人组成。小组成员背景不同,最好有互补的专业知识、技能或经验。但对要解决的问题都有一定程度的认识,对问题的解决要能够有所贡献。学习小组根据问题的难易程度以及时间限度确定聚会次数。

（3）进行质疑与反思。小组成员定期举行会议，按照设定的框架和程序，对自己及其他成员的经验进行质疑，并在行动的基础上不断反思，从而对问题的本质达到更深入的认识，并提出富有创造性的解决方案。每次会议都要重点记录每一学习阶段所汲取的经验教训，以备未来查询参考。

（4）制订行动计划。行动计划的制订和产生要通过小组成员的相互交流和深入思考。学习小组大部分的时间和精力将要用在问题辨析和方案测试上。

（5）付诸行动。在小组学习后，小组成员合作或者独立工作，收集相关信息，搜寻支持要素，执行行动计划。行动学习成果必须通过行动的过程才能得到验证，也只有通过行动才能对组织产生实质性的影响；小组成员也只有在行动的过程中才能进一步反思以加深对问题的认识。付诸行动是行动学习中不可或缺的组成部分。

就一个规范的行动学习项目而言，以上几个步骤是缺一不可的。

4. 导师辅导

导师辅导属于"扶持导向"的一种能力提升方法。受训者的导师通常由员工自己选定，很多时候导师与受训者的关系就像师生，可以来自同部门，也可以是来自不同的业务部门或职能领域，后者可以让人才拓宽视野，了解其他部门的工作。辅导的过程多数也以非正式方式进行，导师的指导是因地制宜、与时俱进的。导师能够帮助受训者缩小其现有能力结构与岗位所需能力之间的差距，告诉受训者应该如何做，需要积累哪些经验来逐步提升自己。通过导师的定期指导，受训者可以最大限度地从经验中得到学习，避免发生严重错误；对组织而言，也可以避免因为人才失误而带来损失。比如IBM、壳牌都有很强的导师计划，清晰地列出双方的职责和期望。在比亚迪、格力、迈瑞、联想、海底捞等一些本土企业也有这样的导师制。

5. 课程学习

课程学习属于"传授导向"的基本能力提升方法，课程学习可以有结构化的课堂学习方式，也可以有讲座或工作坊的方式，在新时代，随着互联网技术的不断应用，课程学习领域也涌现了很多新的培训技术与方法，比如微信平台学习、移动式学习、碎片化学习及微学习等。一般来说，课程学习会为受训者提供在工作任务完成过程中所需的信息、技术或工具，也可以促进组织价值观和员工思维塑造的进程。

二、高潜力人才提升方法

出于高潜力人才对组织的特殊战略意义,组织需要集中精力在这一小群人身上,让他们尽快成长起来以承担更大的责任,高潜力人才的生产力是普通员工的数倍。在能力提升方法上也有自己的独特之处,简单来讲,组织发展高潜力人员应该聚焦于为他们承担新的责任并在组织中进一步发展提供有力支持。这种支持可以包括三个方面:第一,建立能力,包括商业洞察能力、任务聚焦能力以及岗位提升之后的新的所需技能;第二,建立网络,包括内部网络、高层关系搭建以及熟悉核心的价值链网络;第三,建立承诺,包括与组织的情感联系、流动之后的"再聘用"以及真正为员工做职业生涯发展规划。为了达成这些目标,除了上述的"7-2-1"能力提升组合拳之外,为了加速学习和练就本事,高潜力人才的培训开发从能力提升要项的明确到实际举措的开展,可以额外考虑如下路径与方法:

1. 明确能力提升要项

本书第三章的第三节与第四节内容,对高潜力人才的测评与识别介绍了一些方法,但面对具体的能力开发,还需要进一步梳理清楚个体的能力短板与需提升之处。组织可以通过如下问题以明确高潜力人才的提升要项：第一，关于组织整体的信息积累如何，比如作为总经理，必须了解企业各个职能部门、流程、体系以及产品、服务或技术，那么现实对于这些是否已经有足够充分的了解；第二，关于工作经验的积攒情况如何，比如对于高管职位的潜力人才，他们必须实际经历过或至少主要参与过多种工作情况，可以是执行过某项关键的职能任务，或者是深入参与过某次并购、战略联盟或合作等任务；第三，所具备的核心能力要项的情况，比如领导的变革能力、建立战略方向的能力、创业精神以及对全球市场的敏锐意识等；第四，潜力测评的结果如何，比如通过前面所提到的优势识别器、PDP 测试等方法，结合前面三个方面的思考，统一挖掘和识别高潜力人士的优势及其劣势。

2. 提供高影响力的发展机会

在前文高潜力人才的特征识别部分，本书就提到高潜力人才成就动机强，注重价值实现，所以为了得到更好的能力提升效果，可以在其需要发展的能力领域给他们提供一些意义重要的或具有挑战力的培训开发活动，比如有以下几种：第一，具有挑战性的项目。可以让高潜力人才参与一些任务导向的项目,以学到相应的经验,比如有意安排高潜力人才接触一些变革项目、竞争性极强的项目或创新性任务。第二,跨领域、跨团队或跨部门甚至跨组织的任务。这种能力提升方法可以帮助高潜力人才迅速了解组织的其他职能领域,这不仅锻炼了他们的能力,同时还有助于提高他们在组织中的可见度,积累人脉资源与社会资源。第三,在高管身边直接学习,比如担任一段时期的总裁助理工作。这种机会通常给予年轻的高潜力人才,通过担任总裁助理,他们可以了解总裁的日常工作,学习总裁的工作方式和管理技能。第四,通过教学相长的方式提升高潜力人才的能力。很多时候知识的分享也是很好的学习与锻炼过程,高潜力人才也可以在"教"的过程中"学",请高潜力人才在合适的机会和场合分享自己的见解,这不仅有利于他系统思考和提炼自己所掌握的知识和经验,也有助于企业中的其他人才学习这些知识和经验,并能促进教导文化的传承,并使其感受到组织的重视,也能形成一定的影响力。

三、继任计划

为了保证组织人才能力的可持续发展,除了个体的不断学习与能力开发之外，从组织层面上也要考虑能力的可持续问题，这一点在管理实践中往往通过岗位继任计划予以落实。继任计划是通过识别、有计划地培养人才以及内部提升的方式，系统有效地获取组织人力资源的方法，它对公司的持续发展有至关重要的意义，也可以称为接班人培养。接班人培养不只是高层管理者的职责，甚至可以说，组织每一级别的管理者，都要将培养接班人看作是自己工作的重要职责，对于高层和中层的管理岗位，均需建立相应岗位的继任计划；对于基层管理岗位，可选择其中的关键岗位建立继任计划。

继任人选不能完全等同于高潜力人才，因为继任者一般是为某一个或者几个具体的职位具有针对性的准备，而且在未来发展上也不同，继任者更多地考虑到未来某一具体岗位的某一项或者几项具体的技能要求，其个人发展计划要与岗位特征和要求高度对应。但继任人选完全可以从高潜力人才中来挑选，在做挑选的时候可以思考一些具体问题：

◆ 列出有哪几个高潜力人才能够达到该继任职位的能力要求？

◆ 这些高潜力人才是否在价值观与思维模式上符合继任

职位要求？

◆ 这些高潜力人才的工作经历与职业经验是否与该继任职位相匹配？

◆ 这些高潜力人才的自身职业规划与想法如何？

◆ 要考虑继任周期，这些高潜力人才中有哪些是已经完全符合要求？又有哪些可能需一段时间的锻炼才能继任职位？

在思考了这些问题之后，对于符合条件的继任者，组织需要考虑的一个要点是企业是否应该公开此人选，即对于继任计划中的选定对象是告知还是隐瞒。无论告知还是隐瞒，其实各有利弊：若予以告知，那么可能的风险是选定者可能因前途已定而不求上进，不再勤奋如初，其他同事也可能会感到失望而离职，去他处寻求发展机会；好处在于能够激励继任者更多地学习或愿意培养自己欠缺的能力，以适应被提拔后的工作，而且他们也会更愿意继续留在组织中发展。

此外，对于那些需要继续锻炼的人才，组织可以根据具体需求，采用上文所提及的方法进行能力培养与开发。

人才能力提升的有效措施：腾讯学院及其飞龙计划

腾讯公司提出"保持人才攻防的绝对优势"和"提升组织活力"的人力资源举措，腾讯学院通过绘制部门的战略地图与平衡计分卡，对人力资源战略进行分解，强调通过干部管理能力的提升，强化后备领军人才的能力准备度，提升干部管理的有效性，培养和造就一支有主人翁精神的干部团队。为了实现此目的，作为组织人才能力提升的有力载体与系统保障的腾讯学院，从架构上分为领导力发展中心、职业发展中心、培训运营中心等多个部门，为腾讯提供多方面的课程和培训方面的支持，如，Q-learning、导师制、职业生涯规划、领导力培训等，由此为腾讯人提供了近300门面授通用课程和专业能力课程，内容涵盖职场各个阶段的能力提升，整体构成腾讯学院的培训发展大厦。

腾讯培训发展大厦针对不同层次不同类别的员工，有选择的进行培养，比如对基层、中层和高层干部的后备培养会分别制定不同的计划，分别命名为"潜龙""飞龙"和"育龙"计划。同时，还针对专业技术人员晋升专家提出名为"新攀登计划"的后备培养计划，与管理人才培养形成双通道。在此选择腾讯针对中层干部后备培养的"飞龙计划"做一介绍：

首先，"飞龙计划"的开展背景是：处于业务高速发展时期的腾讯，在各个业务领域都需要一批后备领军人才，后备领军人才的能力准备度，决定着公司的未来发展。这对现有的后备人才在领导力、商业能力等方面提出了更高的挑战，为此腾讯学院设计了"飞龙计划"。

其次,从内容上来看,"飞龙计划"有一套严谨的课程体系,每半年一个循环,其中最核心环节是三次集中的模块学习,以面授课程和沙龙分享为主。第一次集中模块以帮助全面地认识自己,提升战略决策、前瞻视野和商业意识等素质为目标;第二次集中模块学习,以加深团队管理、变革管理能力为目标;第三次集中模块学习,以提升产品能力、拓展视野为目标。同时,"飞龙计划"为巩固集中模块学习的效果,腾讯学院运用行动学习、评鉴中心和产品体验等业内前沿的培训与效果评估形式开展实操学习。比如"飞龙计划"至少每两周进行一次行动学习,由各组自行制定研讨任务,分配课后作业,最终输出完整的解决方案。在行动学习过程中,利用领导力教练技术,腾讯学院为行动学习小组搭建"行动学习教练团队",为每组都配备了一名资深HR同事作为团队教练,其职责是提供准确的行动学习流程、工具,把握行动学习氛围、节奏,这样学习效果会在一种"自然"的状态下促发。

最后,"飞龙计划"的收尾工作具有可持续性特点。在"飞龙计划"学习结束后,腾讯学院会举办大学一般的结业典礼,帮助参加培训的中层人员建立飞龙校友关系。除此之外,"飞龙计划"本身也持续进行完善和优化的努力,培训项目组会进行复盘,并与相关的业务部门合作,追踪培训效果,总结培训目标的完成情况,以优化下一期"飞龙计划"。

由此,历经10年打磨沉淀,腾讯"飞龙计划"迄今培养出了300多名核心管理干部,该计划是干部晋升的必备条件,公司内部70%以上的中层管理者都是飞龙校友,为公司的高速发展提供了充足的领军人才储备。而且,腾讯飞龙计划在2015年还曾获得了

ATD 的年度"卓越实践"奖项（ATD 是培训界最有影响力的组织，该机构每年评选培训界的相关项，其中"卓越实践"堪称国际培训界的"奥斯卡"，在业内极具含金量）。

（资料来源：马海刚，彭剑锋，西楠. HR+三支柱：人力资源管理转型升级与实践创新[M]. 北京：中国人民大学出版社，2017 年。编写有改动。）

结合案例内容，思考如下问题：

1. 请思考并总结腾讯学院"飞龙计划"的特点。
2. 请阐述腾讯学院"飞龙计划"的意义与价值。

第六章 人才效能提升建设

　　管理有其奇妙之处，比如同样的员工，在有的管理模式下，仿佛公司最大的敌人，消极怠工搞破坏，让企业丧失竞争力；而换一种管理方式，就可以化身为公司最大的贡献者，积极参与和投入企业建设，帮助企业提升效率、降低成本、改善质量，让企业成为竞争中的领先者。虽然所述夸张了些，但人才在组织中的效能存在高低之别，确实是管理实践中常见的问题，也是很多企业予以关注的一个问题。不难理解，组织的支持对于人才能力的发挥至关重要，如果缺乏管理资源和制度支持，人才即使有能力、有意愿，也无法充分施展才华，不能为公司做出最大的贡献，公司战略也就变得难以实施。问题在于，组织如何对人才提供支持？本章就围绕这一问题，从组织优化、团队建设、组织赋能以及共享平台四个方面，简要做观念分享，希望能够为组织管理实践带来一定的启发价值。

知识重点

- 组织优化的思路
- 团队建设的要点
- 组织赋能的关键
- 平台建设的抓手

一、组织优化下的"人企联盟"

想要提升人才的效能，企业首先要尽量降低人才效能的内耗，从组织结构与流程设计上消除存在负面影响的传统壁垒，之后再以新的作用机制来促进个体的积极参与和价值贡献。从根本上来讲，为了提升人才效能，组织优化的关键是要通过增强价值创造体之间的联系来打造价值共同体，包括组织的外部价值联系与组织内部价值联系以及内外价值的打通。

首先，外部价值联系的增强是指组织要开放自己，打造或融入到一个企业生态圈中。步入互联网时代的企业面临一种全新商业秩序，消费者的多元需求与所拥有的权力、生产主体之间竞争合作关系的新特点、人才的价值流动导向……这一切都驱使组织不得不开放自己，重新界定组织价值及其关系主体。从基本趋势上来看，互联网时代的组织之间正在形成一种网络关系，网络上的各个点之间互联互通，成员之间多样化的合作关系要大于传统竞争关系，封闭是没有出路的，组织要以独立且开放、合作且共享的心态融入到互联网生态中去，更好地迎接技术更新所带来的市场变化。

其次，内部价值联系的增强是指组织要对组织内的员工个体价值给予更多的重视与包容，在此基础上增强员工与组织的联系，增强个体价值实现与组织目标之间的联系。虽然组织中的人员行为具有非个体行为的天然属性，个人贡献依存于整个组织的活动，但当下随着技术的迅猛发展，互联网授予了个体前所未有的能力，再加上新一代员工个体对自我认知的改变，组织需要让人才在组织中感受到被尊重、独立以及价值创造的可能，才能获得和保留人才资源，更好地做好协调与配合工作。德勤公司人才招聘研究副总裁罗宾·埃里克森博士曾说过，如何保留员工是大多数商业领袖和人力资源领袖目前最关心的事情①，技术的发展给人才太多的选择机会，具有价值改造能力的人才甚至都不需要主动寻找工作，只需要将自己的个人简历在相关网络平台（比如领英之类）予以展示，机会自然会主动寻上门，人才流动的便捷与便利虽然给组织获得新的人才资源带来了更多的可能，但同时对组织的核心人才保留也提出了挑战。

第三，内外价值的打通指的是如何让人才与组织价值一致，最直接的办法是让人才去面对市场、对接客户需求，成为"经营者"。组织可以通过引入市场机制，调整自己与人才之间的权利义务关系，建立"人企联盟"。循着本思路，在开放的组织生态环境中，人才甚至可以不再隶属于单一的组织，与组织之间建立灵活的合作关系，在企业生态网络中被充分共享，这也是更切合人性价值主张的调整，释放人的欲望，在整个商业生态中引出更大的生产力。

上述三大价值联系的改进与增强需求，促使企业在组织结构、业务流程等方面做出调整与优化，根据企业的实际情

---

① ［美］吉恩·保罗·艾森，杰西 S. 哈里奥特著. 胡明，邱黎源，徐建军译. 人力资源管理大数据：改变你吸引、猎取、培养和留住人才的方式［M］. 北京：机械工业出版社，2017：43.

况，不同组织有不同的调整重点与方法。在当前我国企业管理实践中，有很多组织已经开展了很好的尝试。比如海尔集团所倡导新的组织管理理念："企业无边界、管理无领导、供应链无尺度、员工自主经营"理念，并就此推出"人单合一"模式，人单合一的目的就是为了使每个人能够不断自创新、自驱动、自运转，在这种新的模式中，员工能力高低不是由领导评价，而是要根据市场与客户的认可度来做出评价，由此激活员工的价值创造意识并提供平台，员工由组织驱动转为自驱动。又比如华为公司的"流程固化，人员云化"，使得人员与组织之间充分互动，人才不是固化在各自的岗位范围内，也不是固化在某一个组织中，这样才可以创造尽可能最大的价值。

二、合作倡导下的团队建设

人才效能的提升不是以人才个人能力提升为目的，而是最终要实现组织整体能力的提升。在高度不确定性和变化快速的经营环境中，组织需要更加敏捷和快速应变，需要具备很好的反应能力、适应能力及问题解决能力，那种自上而下、指挥控制式的管理方式满足不了当下的问题解决需求，组织需要以更好的方式组合与调动资源，而且就如同最伟大的创新并非来自单个的发明家一样,组织需要学会与更多的人合作,在不同地区、不同领域形成合作关系。德鲁克也说过,人们总是要协同工作,尤其是在知识型员工的工作领域内,"团队而不是个人成为工作的单元",组织的成功离不开一群团队为了共同目标而协同努力。苹果公司的史蒂夫·乔布斯也曾认为,他所创造的最令他自豪的东西是他所打造的团队①。之所以如此,是因为团队能够将人才的优势能力组合在一起,类似"木桶原理",每个人的长板集中在一起组合成一个容水量大的木桶,而且各个木板之间可以根据任务的内容与时限灵活拆组,快速且灵活。比如谷歌公司,就习惯于采用灵活敏捷的小团队,每个团队按照项目设置一般由来自不同领域的5—7人组成,一旦团队项目完成后就自动解散,成员归回到本来的专业部门,极大地增强了组织的资源利用。

虽然团队这个概念本身由来已久,并不全新,但若想使其在人才效能的提升上发挥作用,组织需要认真思考团队建设的内涵。因为当下商业环境的复杂与挑战的多样,需要团队以更快的速度组建并步入正轨,有的时候还需要跨越地域界

---

① [美]沃尔特·艾萨克森著. 管延圻,魏群等译. 史蒂夫·乔布斯传[M]. 北京:中信出版社,2014:242.

限实现有效沟通,同时,团队成员个性化与价值取向多样化增强,他们有对独立与自由的渴望,同时也有意愿、有能力承担责任的成就驱动,这些都给团队建设提出挑战。理想的团队应该具有如下特点:第一,在组织使命与价值观念上达成共识,尤其是对于具体的任务目的一定要沟通好,这样才能在应对任务执行过程中变数的时候多一份保障;第二,具有很好的反应能力,灵活敏捷地应对环境与任务的变化,在做事流程与做事方式上敢于开拓创新;第三,在团队成员的构成上,"木板"齐全,专长配置直击任务要求;第四,团队具有很好的沟通协作机制,一方面是团队内部成员之间合作紧密配合默契,另一方面是团队之间也能够具有较好的联络关系,实现必要的信息共享与资源共享。

那么团队建设该如何进行?其关键点主要在于两个方面:其一是独立的小型灵活团队打造;其二是解决团队之间的沟通协作问题。从组织层面来看二者皆重要,但很多时候人们往往更多关注前者,注重研究团队内部的构成与运作,但其实组织人才效能的提升,不仅需要一个个灵活应对挑战、充满活力的小团队,更需要在组织系统内,实现团队之间的良好合作,由此才能放大团队的优势,持续为组织创造价值。这个问题不解决，组织在战略层面上就无法真正发挥出团队的优势，因为一个个的小团队只能提供战术上的优势，战略能力还得看整体。这其实是一个团队建设规模化的问题，组织必须想办法在企业内部建立起交错有效的渠道连接。

1. 独立的小型团队建设

近些年来，企业管理学界对于先进管理理念和管理实践的研究拓展到了军队领域中，思考和研究军事化管理中有哪些经验可供企业管理予以借鉴，团队建设即为其中的一个方面。比如一手打造了全球最强战斗力的美军特种作战司令部指挥官斯坦利·麦克里斯特尔上将著有一本书专门探讨了团队建设的相关经验——《赋能：打造应对不确定性的敏捷团队》。这本书里的优秀团队是著名的"海豹突击队"，虽然其建设过程具有很多的特殊性与特别性，但斯坦利·麦克里斯特尔上将也从中总结了很多适用于一般团队建设的理念与方法，可以给我们带来一些思考与借鉴。

首先需要从理念上厘清一个观念：优秀的团队建设重点不是个人能力的凸显与提升，而是团队成员之间互相适应、协调及合作能力的打造。对此，斯坦利·麦克里斯特尔曾说过:"海豹突击队最优秀的特质其实和队员们的个人素质没有太大关系,海豹突击队魔鬼训练的核心并非生产超级士兵,而在于打造超级团队。"①每一位团队成员出色的个人特质尽管重要,但更重要的是他们能够有机地融合成一个整体。这一点在很多领域都是一致的,军事领域如此,大众所更为熟悉的体育领域也是这样,"全明星"团队或者"单一明星"团队未必赛绩就好,这都说明团队协调合作比单独个体的能力突出更重要。而这一点不能靠运气而来,而是团队被精心训练的结果,训练主要有两个关键点:一是打造团队成员之间相互信任的关系,二是理解并构建团队的共同努力目标。

关键点一:打造团队成员之间相互信任的关系。要想使得团队成员之间互相适应,具备良好的协调与合作能力,就要帮助他们做到互相了解并理解,包括彼此的优点与缺点,通过共同的任务活动,使团队成员在实践中感受到相互扶持的作用与意义。同时,团队领导要注意在任务分工与业绩评价的

---

① [美]斯坦利·麦克里斯特尔,坦吐姆·科林斯,戴维·西尔弗曼;克里斯·富塞尔著.林爽喆译.赋能:打造应对不确定性的敏捷团队[M].北京:中信出版社,2017:111.

过程中，真正体现出对合作的引导与价值认可，因为公平的管理制度有助于团队成员之间建立信任关系，而且在表扬团队中业绩突出者的时候，要对其具体的工作行为和结果予以公示，这样一方面能够提高大家对于奖励结果的接受度，另外一方面便于团队成员了解合作者的行为方式，以更好地找到自己在集体中的定位，提升价值贡献。

关键点二：理解并构建团队的共同努力目标。一提到"朝着同一个目标努力"似乎是老调重弹，试问哪一个组织不是号召所有成员都冲着同一个目标在努力？此处的理解并构建团队的共同努力目标有其独特之处。独特之处来自团队本身的特点，即强调灵活、强调合作所带来的问题解决能力的提升，尤其是在当下这个变化迅捷且挑战多元的竞争环境里，这一点尤为重要。基于此，团队一方面是要遵循传统管理之道，即成员们都理解和认可既定的努力目标，同时按照预想的方式去做；另一方面强调的是团队要有自发智慧，在面对临时状况的时候，能够正确地重塑目标，即构建新的努力目标并进行行为调整落于实际，后者更为重要。

2. 组织的规模化团队建设

对于大多数组织而言，组织内的团队数量不止一个，即使是暂时只有一个，也要考虑发展之后，组织变大之后是否能够协调好团队之间的关系。当然，也有的组织可能会想：我们需要组建团队去处理的任务在发生的时间上较分散，基本上一次组建一支团队就够了。确实，在管理实践中会出现类似的情况，但无法否定的是，这种情况还是相对偶然或者说非固态，组织总会面对同时存在多个团队的情况。那么也就是说，在小团队建设已经较为理想的情况下，组织所面对的就是规模化团队建设的新任务，需要思考如何确保一个个优秀的团队在放到整个组织的层面上之后，也依然能够发挥其优势。因为很多时候，小团队之间的紧密联系与合作经验虽然提升了自己的任务解决能力，但同时会因为内在联结作用过于强大而显得"自闭"，无法很好地融入组织中去，尤其是在面对那些内在联结力同样强大的其他团队的时候，就更具有挑战性，如果这个问题处理不好，组织就会陷入发展困境甚至危机之中。

面对这个问题，斯坦利·麦克里斯特尔上将提出的观点是解决关键在于建立团队之间的有效联结，提出"由小团队构成大团队"的解决方案。具体思路是"化整为零"，跳出"团队"这个抽象化的概念，而是从一个个具体的"团队成员"入手，让这些具体的人与人之间建立生动的联系，而且这种联系也是上升到"互信"程度的深层次联系，就像培养团队内部的互信关系一样去培养不同团队成员之间的互信关系。在具体操作的时候，引入"联络官计划"，即建立互信联系不是所有成员都去建立，而是通过团队的"代表人"来实现，比如说选取某一个团队中的一位成员，去另外一个团队里工作一段时间，所选取和派送的人员需要基于团队荣誉感，选择精英人才，尤其是那些具备很好的沟通协作能力的，外派的时间也不能过短，大概得半年左右，这一位被派出的团队成员就可以被称为"关键联络官"。"关键联络官"的经历分享，可以帮助团队了解不同团队的组织定位与价值贡献，同时建立起团队之间进行沟通的"桥梁"，给团队之间融洽关系的建立带来了好的开始与更多可能，帮助组织推动有效团队的规模化建设。

三、权力分配下的组织赋能

当我们在提出人才管理"三能"模式的时候，就指出人才对组织的诉求相对简单，其一是"愿意干"，另一是"可以干"，而组织赋能就是针对员工后者"可以干"诉求的满足，而且这不仅是员工单方面的期待，对组织的意义更为重要。

1. 组织已经到了不得不赋能的时候

赋能是为了使组织在正确的时候做正确的事,那么什么事是正确的,如何做才是正确的,这是一个关于决策的问题。在当前竞争环境之中,可以说任何企业的领导都无法保证对所有问题及时、准确地做出决策,宏观管理的成本变得越来越高。而且与此同时,组织所面对的问题也有了新的特点,传统的经营管理问题固然依然重要,但同时由于客户重要性的提升,来自用户或顾客的问题对企业的影响越来越大,尤其是互联网技术所带来的快速广泛的传播效应,一个负面评价与事件,会给企业及品牌带来不可估量的负面影响,所以组织必须想办法快速回应用户问题并予以解决问题。在这样的状况下,若问题发生之时,组织还是只能等着相关领导了解情况、做出决策、调动资源、下达指令之后再行动,事态的演化有可能就难以控制了,所以向下层赋能已经不可避免,尤其是向直接面对客户的一线工作人员赋能,让最了解实际情况、最接近事发现场的人做决策和采取行动。

赋能的做法也在理论上得到了研究支持[1]:哈佛商学院

---

[1] [美]斯坦利·麦克里斯特尔,坦吐姆·科林斯,戴维·西尔弗曼:克里斯·富塞尔著.林爽喆译.赋能:打造应对不确定性的敏捷团队[M].北京:中信出版社,2017:278.

的罗莎贝斯·莫斯·坎特在工作领域的分权研究方面走在前沿,她认为将权力向下进行延伸是十分必要的,因为世界上许多事情的干扰性越来越强,"'意外'的事情越来越多,变革的需求也越来越强烈,各家公司必须越来越依赖于他们的员工去做出决定,因为很多事情出现后我们会发现,并不存在针对这些事情的常规应答方法"。她总结道:"固步自封的公司与创新发展的公司,两者的区别在于,会不会赋予公司中的个体有效使用权力的机会。"而且,赋能的方式在员工心理层面也会造成积极影响,会提高员工的"内在任务动机",这也呼应了阿里巴巴集团学术委员会主席、湖畔大学教育长曾鸣先生的一个论断①:"未来组织最需要的不是管理或激励,而是赋能",他认为:"在创意革命的时代,创意者最主要的驱动力是创造带来的成就感和社会价值,自激励是他们的特征。这个时候他们最需要的不是激励,而是赋能,也就是提供他们能更高效创造的环境和工具,而且一个人对某件事做出决策时,他也会对这件事的结果更为关注。"

---

① 穆胜.释放潜能:平台型组织的进化路线图[M].北京:人民邮电出版社,2018:125.

2. 赋能的核心是重新分配组织权力

既然赋能重要，做好赋能就是当下的重中之重。首先组织要理解赋能的内涵，即从本质上来看，赋能关乎组织权力的重新分配，是将组织的决策权力和资源向一线倾斜，向事发现场以及直接面对问题的人员倾斜的调整过程，这种调整会带动组织在很多方面做出改变。

当然，组织权力的重新分配绝对不是简单地放松控制，"赋能"绝对不是削弱和减少领导的权力，只是调整了权力发挥作用的方式，改变了领导者所扮演的角色，这正如斯坦利·麦克里斯特尔上将的观点，领导赋能前后的角色变化类似于"下棋"与"种花"的关系，领导者需要把注意力从棋盘上移动棋子转移到构建生态系统上去。也就是说，在赋能之后，领导者还是需要做到及时获取信息，了解现场发生了什么事情，这些事情又为什么会发生。但差别在于，领导者不需要一个一个地做出行动决策，不需要越级去做一线人员的决策工作，而是监控流程和行动过程与结果即可。领导者的职责变成了建立和维系一个良好的生态系统，创造和维系组织氛围，更多地去培养人才，而不是细节指导，这一点也与本书"释能"部分的价值观念明确和员工思维塑造的要义相呼应。

赋能的企业实例

例子1：丽思-卡尔顿酒店①。该酒店在行业食物链中处于最顶端，以提供优质的服务闻名。创始人恺撒·丽思定下了一个闻名遐迩的标准，如今被酒店行业奉为金科玉律——"顾客永远是对的"。该酒店之所以能够实现这样的服务质量，不是来源于对一线员工进行严密的监督、提出精准的要求，也不是来自对流程细节的精益求精。该公司在人力资源方面的管理办法以自由大度而闻名。员工可能花费2 000多美元来让客人满意或者解决出现的问题。在培训中，酒店会要求学员，如果客人需要一些特殊的东西，可以"脱离自己的岗位"去设法获取到，并且鼓励员工"使用公司赋予的权力"。

例子2：美国的著名百货连锁店诺德斯特龙②，该酒店

---

① Sandra J. Sucher and stacy Mcmanus. The Ritz-Carlton Hotel Company. Harvard Business School Case 601-603，March 2001.（Revised September 2005.）

② Jay A. Conger and Rabindra N. Kanungo. The Empowerment Process：Integrating Theory and Practice[J]. The Academy of Management Review，1988,13(3)：474.

> 宣称"为顾客提供近乎神话般的服务"。公司入职的新员工会拿到一张卡片,上面写着:"很高兴你能加入我们公司。我们的头号目标是能为公司提供优质服务。把你的个人目标和职业目标设定得高一些,我们对你的能力有信心,相信你能达到这些目标,因此我们的员工手册十分简单。我们也只有一个规定。"把卡片翻过来,就能看到公司的唯一规定:"我们的唯一规定:任何情况下,请做出最合适的判断。"

四、资源与信息的共享平台

"共享平台"是一个组织为了提高资源效率而产生的概念,人才效能的提升也可借助共享平台的力量。但鉴于人力资源与其他资源的不同,人的效能提升有更为丰富的内容,除了指"人企联盟"状态下对企业"物化"资源的高效利用之外,还包括那些"非物化"的针对"人心"的信息共享措施。简单来说,前者指组织中资源的共享,以期改善个人工作成果的效益;后者指组织中信息的共享,旨在通过提高组织的活力与有效性,而提高人才效能。

1. 共享资源，放大个人效益

任何一个企业在组织内部都是资源共享的，所以首先需要说明的是，此处所介绍的资源共享是前文"人企联盟"组织优化的配套措施，当人才与企业之间形成联盟关系之后，虽然成为整体经营价值链上的一分子，但可以在组织的资源平台上获得支持，使其在组织中所得资源的成本要低于在组织外部获取的成本，所获得的收益分配也较为合理。至于哪些资源是可以共享，如管理专家穆胜所提观点①，组织平台上的资源可以包括两方面：一是需求侧的品牌优势、门店（终端）优势、渠道优势、流量（用户）优势；二是供给侧的供应链优势、生产优势、研发优势、物流送达优势等。如此，使组织面对环境和任务，变得快捷、灵动、减少内耗，资源流向效率最高的地方。

2. 共享信息，提高组织的活力与有效性

为了人才效能得以提升的信息共享，不仅指传统的组织内部的有效沟通机制建立，而是从基于人性的角度，倡导组织对人才更为开放、更加真诚。之所以这么说，是因为当前组织

---

① 穆胜著. 释放潜能：平台型组织的进化路线图[M]. 北京：人民邮电出版社，2018：75.

与人才之间信任关系的建立对组织发展有特别重要的影响，而建立信任关系的重要前提就是双方能做到真实信息的充分共享。受传统管理观念的影响，不乏有一些组织管理者为了维护权威或者所谓的流程规范，乐于把控甚至过滤信息，但在当前的经营环境中，组织若还秉持此类观念与做法则是有很大隐患的，一方面是在赋能的大势所趋下，关键决策的信息不准会直接影响到问题的解决，所以组织中的核心人才需要能够全面地了解组织的全貌，尤其是相互之间产生紧密联系的业务或部门运作概况，由此更好地理解组织的整体情势与自身当前定位，便于及时做出准确决策，以免给企业带来伤害；另一方面是员工的价值崛起会对组织提出共享信息的急切要求，组织与人才之间拥有对称的信息才能更好地达成共识，人才在让自己具有主人翁之感的组织里才能更投入，大大激发其创造力，使组织更有效率并充满活力。

信息共享有多种方式，可以通过正式的沟通机制的有效落地来实现，也可以通过开放组织的相关资料来实现，包括负面资料，比如不具备保密性质的一些报告，如客户满意度调查报告、产品与服务的市场报告等等；此外，还可以充分借助信息技术的力量，通过信息平台建设与权限开放，帮助人才更加便捷地获取所需信息。

新型互联网产业的例子比如谷歌①,他们的信息共享就做得很好。谷歌有一个很著名的 TGIF(thank God it's friday),每个星期五的下午公司都要在总部举办一个大聚会(其他公司通过视频线上参与),创始人和高管与员工面对面,畅所欲言,沟通公司本周重要发展,并回答员工问题。这个做法从创业至今一直坚持。随着全球化的深入,避免其他国家团队需要周六上班参加这个会议,现在已经改成 TGAF,在星期四举办。

  海尔集团的人才效能提升建设

> 海尔集团张瑞敏最著名的语录之一就是"没有成功的企业,只有时代的企业",尤其是我们现在所处的是一个质变的混沌时代,是一个颠覆式创新的时代,是一个充满不确定性的时代。我们不满足于在秩序与活力间做出妥协。企业要应对这种混沌的外部环境,要在高度的不确定性之下跟用户、市场进行有效的能量交换,是无法依靠过去那种预先所确定的组织秩序和组织规则的。企业要从自发状态之中,敏锐感知非线性变量的规律,激发员工活力,创

---

① 杨国安著.组织能力的杨三角:企业持续成功的秘诀[M].北京:机械工业出版社,2016:253.

造触发点或引爆点。由此,海尔集团对人与组织的关系进行了深刻的思考,开拓性进行了人与组织关系的颠覆与重构工作,这一系列超前大胆、全方位的变革壮举,给海尔上下带来了巨大变化,人才效能的提升也是其可期效果之一。在此我们挑选了一些突破性的做法呈现给读者思考。

一、小微赋三权:共治、共创与共享

对于一个大企业来说,组织的机械化会越来越强。组织的庞大、官僚化和过度的工作标准化会让大企业因失去创新和活力而渐渐覆灭。而对于大企业的变革,如果进行整体的、自上而下的变革,将会因失控而迅速崩塌。这也正是张瑞敏的变革考虑,整体变革会失控,海尔就将组织变成无数个自组织,以小微生态圈的方式来呈现,海尔每一个小微生态圈是一个充满活力的自组织,承载着自下而上驱动组织创新、发展的使命。

自组织有什么样的特点呢?中国人民大学的彭剑锋教授将自组织归结为三个最核心的要素:共治、共创与共享。共治,自己有与经营方等同的决策机会和权力。共创,表达了人人都是价值创造者,人人都可能变成价值创造的中心。共享,指出自组织更强调利益分享,更强调构建利益共同体。为了实现小微生态圈与企业的共治、共创、共享,海尔将一直死死攥在总部手里的三权——决策权、用人权、分配权彻底让渡给小微,使它成为一个独立的企业。其中,决策权可以让小微根据瞬息万变的市场做出及时的决策,真正能在第一线第一时间了解用户的需求,又以第一速度满足和创造用户需求。用人权让圈主决定圈内人员的去留,原来用的在册员工若表现不行,小微可以将他们撤掉,到外部招聘在线员工也是可以的,所有的这些由小微生态圈自己来运作。这两权一同实现小微生态圈与企业的共治。分配权让小微生态圈的圈主从高级打工者变为小老板,将自己更大的活力与智慧投入到小微生态圈的经营上,达到了与企业的共创。分配权还让小微生态圈有机会与企业一同分享超过正常价值的增值部分,实现与企业的共享。

二、人单合一双赢:为了人的目的和自在

海尔目前的商业模式是"人单合一双赢模式",也是实现为了"人的目的和自在"的一种运行机制。"人"即员工;"单"并不仅仅是狭义的订单,而是广义上的用户;"合一"就是把员工和用户连到一起;所谓"双赢",就是员工在为用户创造价值的同时体现自身的价值。根本点就是为了人的目的和自在。张瑞敏认为:"其实每个人都想追求自己个人利益的最大化,但是过去的机制是压制这种追求的。在海尔,我们承认每个人追求个人利益最大化是合理的,但前提是这个人应该创造出用户价值的最大化,所以用"人单合一双赢模式"把两者连到一起。海尔'人单合一双赢模式'把每个员工和他的用户连接起来"

人单合一是组织作为平台支持的最好实现形式。首先,组织的颠覆,消灭了复杂的层级,平台化运作,员工自主抢单、自主接入资源、自主创造、自己主导自己,没有了组织命令传导,一切导向就是用户需求。其次,员工创造越来越多以兴趣爱好主导,更多体现了创业创新精神。最后,组织改造和工业 4.0 系统改造后,围绕人单合一操作流程的信息化改造,技术升级后的员工从事更多的后台管理和技术服务工作,而不仅是依附机器,成为自我管理者和高价值的创造者。

三、特种作战分队的一呼百应

"特种作战"这种现代化军事模式,不仅存在于军事组织中,在世界级企业的经营管理中,我们也能看到这种军事新模式的"商业版",海尔即如此。张瑞敏在全集团打造了无数精锐的作战小分队,以"小微生态圈"作为队伍的番号,目标是实现把企业做小,把员工做大。这一模式也让张瑞敏登上了世界最顶级的学术峰会——美国管理学会年会(Academy of Management,AMO)的讲坛,使他得以向全世界最顶级的管理专家分享这一优秀实践。英雄所见略同,华为的任正非也在公开场合指出:现在的战争不再像过去一样靠塔顶的将军一挥手来指挥千军万马的贴身厮杀,现在靠得是千里之外的炮火支援,而呼唤这些炮火的也不一定再是塔顶的将军,而是贴近前线听得见炮声的人。也就是说,让销售、投标、交付等前线人员的需求在企业中实现一呼百应,让他们的一声呼唤,能够得到来自后方数百人在网络平台上给予支持。

四、人力资源大数据辅助决策

海尔的人力资源平台具有开放性特点,以期实现零距离、无障碍的互动互联的交流与沟通,这一状态的背后是大量的信息数据支持。海尔深知数据不只是数据,其背后隐含着人的需求、个性特征、情感思想等等。尽管大数据看似是动态和不精确的,但组织还是可以从数据中推出趋势或特定的判断,为人力资源管理提供全方位数据分析与解决方案,同时还可以为各类用户提供既有标准化特征又充满个性的产品和服务。所以海尔很重视数据平台的建设与分析,在海尔平台上,大数据分析的内容包括如下几方面:第一,小微及小微生态圈的组织架构分析管理,即根据各种小微运行情况和生态圈架构组成的历史数据,生成小微组织运营的架构分析图,分析利弊,确定组织结构变更或组织结构多种模式的尝试;第二,人力资源潜能分析,即从系统中提取现有的人力资源数据,用分析统计功能和展现形式挖掘有价值的信息,为小微提供人才需求的全网搜索、评估、分析,实现对小微经营的人力支持;第三,小微主、生态圈主胜任特征数据分析,即通过对创业成功的小微主和创客的个人特征和典型事件分析,大数据挖掘胜任特征事件,竞单提供分析;第四,小微运营节点分析与管理,即对小微运营过程中拐点、引爆点、引领点进行关键事件分析评估,建立运行节点方案库,为小微运营提供数据和经验参考。除此之外,海尔还会开展行业对标数据分析、竞单方案成功特征分析、员工效能数据分析等工作。

(资料来源:彭剑锋,云鹏著.海尔能否重生:人与组织关系的颠覆与重构[M].浙江:浙江大学出版社,2015年.编写有改动)

结合案例内容,思考如下问题:

1. 请根据你对案例内容的理解,总结海尔集团人才效能提升的成功做法。

2. 请阐述这些成功做法之间的内在联系。

参考文献

- ［美］里德·霍夫曼、本·卡斯诺查、克里斯·叶著. 路蒙佳译. 联盟——互联网时代的人才变革［M］. 北京：中信出版社，2018年.

- ［美］吉恩·保罗·艾森，杰西 S. 哈里奥特著. 胡明，邱黎源，徐建军译. 人力资源管理大数据：改变你吸引、猎取、培养和留住人才的方式［M］. 北京：机械工业出版社，2017年.

- ［美］威廉·罗斯维尔著. 李家强，陈致中译. 高效继任规划：如何建设卓越的人才梯队［M］. 江苏：江苏人民出版社，2013年.

- ［美］布莱恩·贝克尔，马克·休斯里德著. 曾佳，康至军译. 重新定义人才［M］. 浙江：浙江人民出版社，2016年.

- ［美］泰瑞·贝克汉姆编. 曾佳等译. ATD：人才管理手册［M］. 北京：电子工业出版社，2017年.

- 穆胜著.释放潜能:平台型组织的进化路线图[M].北京:人民邮电出版社,2018年.

- 白洁,彭婷,张文东著.通用电气,用梦想启动未来[M].中国:机械工业出版社,2010年.

- 杨国安著.组织能力的杨三角:企业持续成的秘诀[M].北京:机械工业出版社,2016年.

- 陈春花著.激活个体[M].北京:机械工业出版社,2016年.

- [美]丹尼尔·戈尔曼著.杨春晓译.情商:为什么情商比智商更重要[M].北京:中信出版社,2016年.

- [英]达纳·佐哈,伊恩·马歇尔著.王毅,兆平译.灵商:人类的终极智慧[M].上海:上海人民出版社,2001年.

- [英]约翰·惠特默著.林菲,徐中译.高绩效教练[M].北京:机械工业出版社,2013年.

- [美]汤姆·拉思著.盖洛普优势识别器[M].北京:中国青年出版社,2018年.

- 李常仓.人才盘点:创建人才驱动型组织[M].北京:机械工业出版社,2012年.

- 彭剑锋著.战略人力资源管理[M].北京:中国人民大学出版社,2014年.

参考文献

- 孙健敏著.人员测评理论与技术[M].长沙:湖南师范大学出版社,2007年.

- 彭剑锋,刘坚.百年壳牌:石油业中的"贝壳"神话[M].北京:机械工业出版社,2010年.

- [美]斯坦利·麦克里斯特尔,坦吐姆·科林斯,戴维·西尔弗曼,克里斯·富塞尔著.林爽喆译.赋能:打造应对不确定性的敏捷团队[M].北京:中信出版社,2017.

- 刘君义,方健等.基于DACUM方法的职技高师能力标准构建[J].职业技术教育,2009(20):80.

- 彭剑锋,云鹏著.海尔能否重生:人与组织关系的颠覆与重构[M].杭州:浙江大学出版社,2015年.

- 马海刚,彭剑锋,西楠著.HR+三支柱:人力资源管理转型升级与实践创新[M].北京:中国人民大学出版社,2017年.

- 肖鹏,SZ公司基层管理人员人才盘点方案设计,企业改革与管理[J].2017(3):73.

- Sandra J. Sucher and stacy Mcmanus. The Ritz-Carlton Hotel Company. Harvard Business School Case 601-603, March 2001. (Revised September 2005.)

- Jay A. Conger and Rabindra N. Kanungo. The

Empowerment Process: Integrating Theory and Practice [J]. The Academy of Management Review, 1988, 13 (3): 474.

声 明

在本书写作过程中,作者大量参阅了国内外相关资料,并在参考文献和文中注明所引资料的出处和来源,对这些资料的作者表示深深的敬意和衷心的感谢。但是由于资料繁多,仍然有一些资料未来得及查清来源并标明出处,特此表示歉意。

"HR 专业能力建设工程"丛书

- ✓ 《绩效考核十大方法》
- ✓ 《全面认可激励——数字时代的员工激励新模式》
- ✓ 《高潜质人才的选拔与评价》
- ✓ 《人才管理"三能"模式：打造组织人才能力供应链》
- ✓ 《企业文化与经营管理——基于价值观的管理优化》
- ✓ 《中国合伙人》
- ✓ 《基于胜任力的任职资格体系》
- ✓ 《成长型企业的人力资源管理实务》
- ✓ 《组织变革与发展十大命题》
- ✓ 《人才全生命周期管理八步法》
- ✓ 《干部队伍建设》
- ✓ 《高绩效领导力》

"HR专业能力建设工程"丛书

- ✓ 《高效政府绩效评估体系》
- ✓ 《平台化人力资源管理》
- ✓ 《HR三支柱的理论与实践》
- ✓ 《OKR中国企业应用实践》
- ✓ 《人力资源管理架构师》
- ✓ 《数字时代与智能时代人力资源管理与创新》
- ✓ 《高效能人力资源管理者的七种思维》
- ✓ 《阿米巴中国实践》
- ✓ 《管理者八项基本功》

......

未完待续

图书在版编目(CIP)数据

人才管理"三能"模式:打造组织人才能力供应链/白洁编著. —上海:复旦大学出版社,2018.12
（HR专业能力建设工程丛书）
ISBN 978-7-309-13955-6

Ⅰ.①人… Ⅱ.①白… Ⅲ.①企业管理-人才管理-研究 Ⅳ.①F272.92

中国版本图书馆CIP数据核字(2018)第220498号

人才管理"三能"模式：打造组织人才能力供应链
白　洁　编著
责任编辑/方毅超

复旦大学出版社有限公司出版发行
上海市国权路579号　邮编：200433
网址：fupnet@fudanpress.com　http://www.fudanpress.com
门市零售：86-21-65642857　　团体订购：86-21-65118853
外埠邮购：86-21-65109143　　出版部电话：86-21-65642845
浙江新华数码印务有限公司

开本 787×960　1/16　印张 15.25　字数 139 千
2018 年 12 月第 1 版第 1 次印刷

ISBN 978-7-309-13955-6/F·2504
定价：58.00 元

如有印装质量问题,请向复旦大学出版社有限公司出版部调换。
版权所有　　侵权必究